公司强制清算
理论与实践研究

杨琴琴◎著

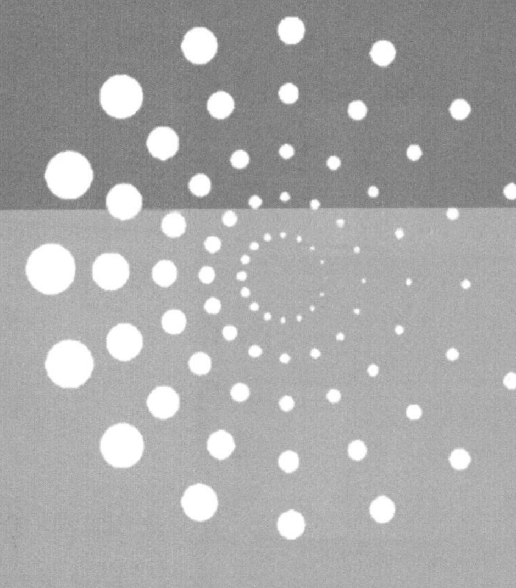

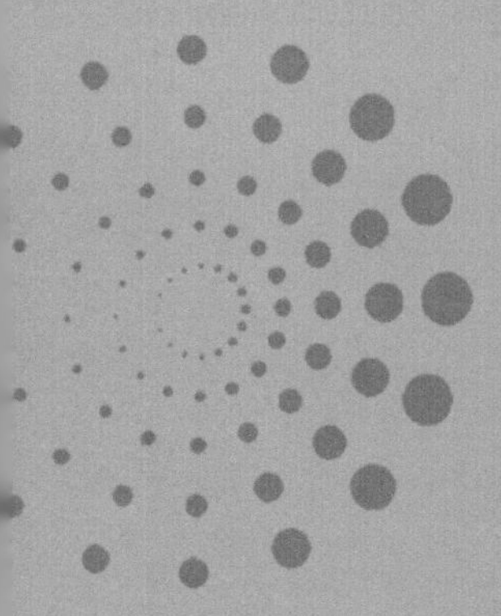

中国商业出版社

图书在版编目（CIP）数据

公司强制清算理论与实践研究 / 杨琴琴著. -- 北京 : 中国商业出版社, 2024. 12. -- ISBN 978-7-5208-3296-0

Ⅰ. D922.291.924

中国国家版本馆CIP数据核字第2024YY7251号

责任编辑：葛　伟

中国商业出版社出版发行

（www.zgsycb.com　100053　北京广安门内报国寺1号）

总编室：010-63180647　编辑室：010-83118925

发行部：010-83120835/8286

新华书店经销

北京市金木堂数码科技有限公司印刷

*

710毫米×1000毫米　16开　13.75印张　184千字

2024年12月第1版　2024年12月第1次印刷

定价：52.00元

****

（如有印装质量问题可更换）

前　言

公司是一种将所有权与经营权分离的现代企业形式，因其能够迅速汇集大量的分散资金，降低投资风险，并使利益最大化，而成为主要的企业组织形式。但是公司本身也是一把双刃剑，一方面公司能够吸引更多的投资者进入市场，刺激市场经济的发展；另一方面不法分子会将公司作为其逃避责任的盾牌，造成市场上大量散而未清的公司存在，不仅损害了相关主体的利益，也极大地阻碍了市场经济的发展。这就需要完善的理念对公司进行规制。

公司作为一个独立的法律主体，其设立、运行以及终结需要通过一定的法律行为来实现，因此公司法律制度必须对公司的设立、运行以及终结这三个方面作出明确的规定，避免公司对整个市场经济造成不利影响，保障市场经济的有序运行。

公司的解散清算是公司法律制度的一个重要环节，这关系公司能否顺利地退出市场。本书所研究的对象为公司清算制度中的强制清算制度，强制清算是当公司自行清算不能而又无须进入破产程序的一个中间环节，能够在一定程度上避免一些公司散而不清的现象，对于完善我国公司清算制度具有极为重要的意义。

本书共分为六章。第一章是绪论，第二章是公司强制清算的程序，第三章是公司强制清算中法院的职权，第四章是股东申请公司强制清算，第五章是公司强制清算中债权人的利益保护，第六章是公司强制清算的完善措施。本书注重结合当下的法律环境，既有理论方面的建议指导，又有实践方面的战略分析，希望能对行业人员有一定的帮助。

由于作者的水平和经验有限，书中难免存在疏漏和不妥之处，敬请广大读者批评指正，以不断改进和完善本书的内容和质量。

目录

第一章　绪　论

第一节　强制清算概述

一、强制清算的基本理论

（一）公司清算

1.公司清算的概念

公司清算是指在目标公司解散以后，为了终结目标公司作为当事人之一所形成的各种法律关系，使目标公司的法人资格归于消灭，而对目标公司未终结的业务、财产及债权债务关系等进行清理、处分的行为。公司清算包括清算行为、清算关系、清算程序等诸多方面的内容。

《中华人民共和国公司法》（2023年12月29日第二次修订）（以下简称《公司法》）第二百二十九条规定："公司因下列原因解散：（一）公司章程规定的营业期限届满或者公司章程规定的其他解散事由出现；（二）股东会决议解散；（三）因公司合并或者分立需要解散；（四）依法被吊销营业执照、责令关闭或者被撤销；（五）人民法院依照本法第二百三十一条的规定予以解散。"

《公司法》第二百三十二条规定："公司因本法第二百二十九条第一款第一项、第二项、第三项、第五项规定而解散的，应当清算。董事为公司清算义务人，应当在解散事由出现之日起十五日内组成清算组进行清算。"有限责任公司的清算组由股东组成，股份有限公司的清算组由董事会或者股东大会确定的人员组成。逾期不成立清算组进行清算的，债权人可以申请人民法院指定有关人员组成清算组进行清算。人民法院应当受理该申请，并及时组织清算组进行清算[①]。据此，公司除因合并或者分立而解散外，因其他原因引起的解散，均须经过清算程序。

2.公司清算的意义

从一般的意义来讲，《公司法》第二百三十二条之所以确立了公司解散以清算为原则、以不清算为例外的规则，主要考虑公司一般是由两个以上投资者共同出资设立的法人实体，经过一段时间的存续期间之后，公司作为法律关系的当事人之一，既享有权利，也负有义务，其权利的行使、义务的承担，不仅会影响公司股东的权益，也会影响公司及其债权人的权益。因此，必须经由法定清算程序对公司进行清算，才能实现对公司股东、公司、债权人等各方当事人的公平保护。具体而言，公司清算具有以下几方面的意义。

（1）有利于保护公司中小股东权益

根据《公司法》第二百三十二条的规定，公司出现解散事由后（分立、合并的除外），应当在十五日内组成清算组。但在实务中，许多公司在具备清算条件时，并未清算。究其原因，主要是大股东尤其是控股股东的"不作为"。在公司被解散时，从是否存在资产的角度看，公司往往处于以下两种情况：一是公司已无资产，二是公司尚有少量资产。无论是哪种情况，大股东都不愿意履行清算之责。在第一种情况下，公司已无任何资产，而清算工作必然产生费用，大股东自然不愿做此费力又无

①陈联书，龙著华．僵尸企业强制清算实务指引[M]．北京：知识产权出版社，2021.

益之事；在第二种情况下，虽然公司尚有少量资产，但清偿公司债务、股东分红之后所剩无几，大股东的积极性同样不足。

根据公司法理论，股东的剩余财产分配权是公司股东权的应有之义，而财产分配权必须通过公司解散后的清算程序才能实现。在《最高人民法院关于适用〈中华人民共和国公司法〉若干问题的规定（二）》（2020年12月23日第二次修正）（以下简称《公司法司法解释二》）颁布前，各地法院对于股东提起清算程序是否受理态度不一，不少法院认为公司清算属于公司内部事务，法院不宜插手，所以一般不予受理，导致中小股东的剩余财产分配权长期得不到实现。《公司法司法解释二》的颁行，清除了中小股东剩余财产分配权在清算程序中的法律障碍，有利于保护中小股东的合法权益。《公司法司法解释二》规定，当公司解散时，债权人没有向法院提起清算程序的，股东有权提出。因此，当中小股东得知公司出现法定的应当进行清算的事由时，为避免资产被控股股东占用，应当及时提起清算程序，并积极参与各类清算事务，防止控股股东虚构公司债务、隐匿财产，财产变价方案不合理等可能损害自身权益的情形发生。

（2）有利于保护公司合法权益

《公司法》第二百三十四条规定："清算组在清算期间行使下列职权：（一）清理公司财产，分别编制资产负债表和财产清单；（二）通知、公告债权人；（三）处理与清算有关的公司未了结的业务；（四）清缴所欠税款以及清算过程中产生的税款；（五）清理债权、债务；（六）分配公司清偿债务后的剩余财产；（七）代表公司参与民事诉讼活动。"

清算组的不当清算行为，既有可能损害公司股东以及公司债权人的利益，也有可能损害公司的合法权益。为了明确清算组以及清算组成员的责任与义务，《公司法》第二百三十八条明确规定："清算组成员履行清算职责，负有忠实义务和勤勉义务。清算组成员怠于履行清算职责，给公司造成损失的，应当承担赔偿责任；因故意或者重大过失给债权人造成损失的，应当承担赔偿责任。”鉴于清算组成员过错形态的多样性，清算组成员既有可能承担单独责任，也有可能承担共同责任；在承担共同责任时，既有可能是按份责任，也有可能是连带责任。

（3）有利于保护公司债权人的权益

为了体现清算制度对公司债权人的保护，《公司法》第二百三十五条规定了与公司清算过程中清算组的通知和公告义务有关的内容。《公司法司法解释（二）》第十一条进一步明确了清算组在公司清算过程中的通知和公告义务，以及未履行这些义务的法律后果：“公司清算时，清算组应当按照公司法第一百八十五条的规定，将公司解散清算事宜书面通知全体已知债权人，并根据公司规模和营业地域范围在全国或者公司注册登记地省级有影响的报纸上进行公告。清算组未按照前款规定履行通知和公告义务，导致债权人未及时申报债权而未获清偿，债权人主张清算组成员对因此造成的损失承担赔偿责任的，人民法院应当依法予以支持。”这一规定旨在保护公司及其债权人的利益，限制清算组的不当行为或不作为。通过明确清算组的通知和公告义务，以及未履行这些义务的法律后果，可以促使清算组更加谨慎、负责地履行其职责，从而确保公司清算过程的合法性和公正性。

《公司法》第二百三十六条则明确了债权清偿的顺序：“清算组在清理公司财产、编制资产负债表和财产清单后，应当制订清算方案，并报股东会或者人民法院确认。公司财产在分别支付清算费用、职工的工资、社会保险费用和法定补偿金，缴纳所欠税款，清偿公司债务后的剩余财产，有限责任公司按照股东的出资比例分配，股份有限公司按照股东持有的股份比例分配。清算期间，公司存续，但不得开展与清算无关的经营活动。公司财产在未依照前款规定清偿前，不得分配给股东。”

为了强化对债权人的保护，《公司法司法解释二》第十二条还赋予了公司债权人异议权以及异议请求权，规定：“公司清算时，债权人对清算组核定的债权有异议的，可以要求清算组重新核定。清算组不予重新核定，或者债权人对重新核定的债权仍有异议，债权人以公司为被告向人民法院提起诉讼请求确认的，人民法院应予受理。”

《公司法司法解释二》第十八条则明确了公司股东、董事、实际控制人对公司债权人的损害赔偿责任，规定：“有限责任公司的股东、股份有限公司的董事和控股股东未在法定期限内成立清算组开始清算，导致公司财产贬值、流失、毁损或者灭失，债权人主张其在造成损失范围内对公司债务承担赔偿责任的，人民法院应依法予以支持。有限责任公司的股东、股份有限公司的董事和控股股东因怠于履行义务，导致公司主要财产、账册、重要文件等灭失，无法进行清算，债权人主张其对公司债务承担连带清偿责任的，人民法院应依法予以支持。上述情形系实际控制人原因造成，债权人主张实际控制人对公司债务承担相应民事责任的，人民法院应依法予以支持。”该规定针对的是实务中常见的损害公司债权人权益的典型问题。

英国公司法规定，在公司清算开始前六个月内，公司隐匿、私分或无偿转让财产的行为，非正常压价出售财产的行为，对原无担保的债务提供担保的行为，对未到期的债务提前清偿的行为以及放弃自己的债权的行为，均为无效行为。其目的在于防止损害公司债权人利益的行为发生。《中华人民共和国企业破产法》（以下简称《企业破产法》）第三十五条有类似的规定，但《公司法》对此无相应的规定。

（4）对其他形态的企业清算的参照作用

《中华人民共和国个人独资企业法》（以下简称《个人独资企业法》）第三十一条规定：“人民法院参照适用破产清算程序裁定终结个人独资企业的清算程序后，个人独资企业的债权人仍然可以就其未获清偿的部分向投资人主张权利。”但《个人独资企业法》并未对个人独资企业的清算制度作出明确规定。

根据最高人民法院于2012年12月10日公布，自2012年12月18日起施行的《最高人民法院关于个人独资企业清算是否可以参照适用企业破产法规定的破产清算程序的批复》（法释〔2012〕16号）的精神，在个人独资企业不能清偿到期债务，并且资产不足以清偿全部债务或者明显缺乏清偿能力的情况下，可以参照适用《企业破产法》规定的破产清算程序进行清算。

（二）强制清算

目前，对法院指定清算人对公司进行清算的程序，学术界并没有一个统一的定义。白莉认为，强制清算制度是公司清算事务中债权人保护的补充程序制度。徐新意、黄来纪等认为，我国的非破产清算主要包括普通清算和特别清算，普通清算等同于公司的自行清算，而强制清算等同于特别清算。刘敏认为，强制清算与特别清算是两个不同的概念，强制清算只是非破产清算的一种，即当公司出现自行清算不能时，由公权力介入而进行的清算。鉴于理论上对强制清算的概念存在诸多争议，因此，有必要明确强制清算的概念。

我国的强制清算不同于国外的特别清算，也不同于公司的自行清算。应当把强制清算与公司自行清算程序并列，而作为一种独立的清算类型。强制清算是指公司自行清算存在障碍时，基于债权人或公司股东的申请，由法院介入而进行的清算。

（三）强制清算与其他清算的区别

1. 强制清算与自行清算

强制清算与自行清算作为我国非破产清算的两种类型，两者的相同点是以消灭公司法律人格为目的。强制清算和自行清算存在许多不同之处，这些不同之处对强制清算中清算人制度的研究十分重要。

首先，启动的事由与主体不同。自行清算是指当公司出现解散事由后，由公司自行启动清算程序，强制清算是基于公司自行清算不能时，由法院启动公司清算程序，因此，可以将自行清算视为强制清算的一个前置程序。

其次，法院介入程度不同。在自行清算中，基于公司自治的原则，法院通常不会干预公司的清算。在强制清算中，法院对清算程序的介入程度高于自行清算。法院一般会干预强制清算程序的启动、清算人成员的选任解任、清算方案的确认等方面。

再次，债权人的介入程度不同。在自行清算中，清算过程中的阻碍小，公司一般能够顺利完成清算，债权人能基于债权而平等受偿，债权人一般不会也不能过多地介入公司的自行清算。在强制清算中，清算过程中的潜在风险大，阻碍较大，为了维护债权人的利益，债权人会更多地介入公司的强制清算。

最后，期限不同。自行清算的期限并没有明文规定，由公司内部自主决定清算期限。而强制清算的期限在法律中明文规定为六个月（《公司法司法解释二》第十六条规定“人民法院组织清算的，清算组应当自成立之日起六个月内清算完毕”）。

2.强制清算与特别清算

特别清算制度起源于日本，我国1996年颁布实施的《外商投资企业清算办法》曾经有关于特别清算制度的相关规定，但是《外商投资企业清算办法》已于2008年废止，因此，我国现行立法中并无特别清算制度的规定。

《公司法》第二百三十三条规定：“逾期不成立清算组进行清算或者成立清算组后不清算的，利害关系人可以申请人民法院指定有关人员组成清算组进行清算。人民法院应当受理该申请，并及时组织清算组进行清算。”长期以来，我国许多学者将该项规定定性为特别清算，这是由于对特别清算制度没有深入了解所致。强制清算主要是在公司自行清算不能时，通过法院介入而启动的一种解散清算程序，是普通清算的一种特殊情形。特别清算与强制清算主要存在以下三方面的不同。

首先，立法理念不同。特别清算程序设立的目的是通过债权人与法院的积极介入，使公司外部的利害关系人能及时合理地获得公司内部的相关资产信息，从而更好地保护利害关系人的利益。而强制清算制度却没有类似的立法理念，其目的是尽快完成公司的清算工作，以便公司能尽早退出市场。

其次，法院或债权人介入的程度不同。在特别清算制度中，有债权人会议制度的设计，债权人可以通过债权人会议参与公司的清算事务。此外，法院的介入程度也非常高，是公司特别清算中各类活动的最终确认者。而在强制清算制度中，债权人和法院的介入程度都很低，《公司法》的清算制度中并没有关于债权人会议的相关规定，债权人只能通过法院介入公司的清算程序，而没有其他介入公司清算的途径。而法院对公司清算的介入也仅是通过指定清算人、确认清算方案等方式，对公司的清算程序并不能起到监督、控制作用。

最后，启动的原因不同。特别清算程序的启动事由主要有两种，即普通清算存在严重障碍和负债超过资产嫌疑，而强制清算的启动事由主要是公司逾期不清算、故意拖延清算或严重损害债权人或股东利益。

3.强制清算与破产清算

强制清算程序与破产清算程序中都涉及法院与债权人的参与，存在类似之处，但两者也具有明显的区别。

首先，启动事由不同。债权人不能清偿到期债务是破产清算程序启动的主要原因，强制清算的启动事由主要是公司逾期不清算、故意拖延清算或严重损害债权人或股东利益。

其次，债权人与法院的介入程度不同。债权人与法院全程参与破产清算程序的进行，并对清算程序实施相应的监督。而在强制清算程序中，并没有关于债权人监督职能的规定，只能通过法院行使其监督权利，但法院介入程度远不及破产清算中的介入程度。

再次，适用法律不同。破产清算程序由《企业破产法》进行规制，而强制清算程序一般适用《公司法》的相关规定。

最后，债务的清偿能力不同。在破产清算程序中，公司的剩余财产往往不足以偿还全部债务。而在强制清算程序中，公司往往能清偿其全部债务。

（四）强制清算的法律定位

强制清算是介于自行清算与破产清算之间的一种清算程序，在目前的法律框架下，强制清算存在的地位与发挥的作用是值得肯定的。强制清算制度的确立不仅是市场发展的需要，也是司法机关行使其职能的具体体现。当公司出现解散事由后，公司应当清算而不清算或者违法清算，不仅损害公司债权人的合法权益，也会使公司股东尤其是中小股东利益遭受损失。“司法最终解决理论”包括三个方面：首先，法院不得以法律没有明确规定为由拒绝立案和审理公司案件；其次，在法院解决公司纠纷前，应当坚持穷尽公司内部救济的原则；最后，行政行为服从司法裁决。根据“司法最终解决理论”，公司自行清算不能时，已用尽公司的内部救济程序。此时便需要司法机关来维护利害关系人的合法利益，保证市场的有序发展。强制清算程序便为司法的正当干预提供了程序与方式。法院通过强制清算程序，能有效地维护债权人和股东的权益，从而保障市场的正常运行。

强制清算程序充分体现了在公司不能自行清算时，司法权对公司私权利的介入，但是相比于破产清算，这种介入是十分有限的。在破产清算中更为强调保护债权人的利益，而由于强制清算程序的启动并不要求资不抵债，这便意味着在大多数情况下债权人的利益能够得到有效的清偿，故在强制清算中不仅要求维护债权人的利益，也会强调保护股东的利益。便要求在强制清算中，法院首先要尊重公司的自治性，只有在清算过程中出现障碍时，才能进行适当的介入。

强制清算制度在公司解散清算中的法律地位十分重要，但还存在一些不足。我们应当在现行的强制清算制度的基础之上，参照域外的特别清算制度，完善我国的强制清算制度。

二、强制清算的特殊性

这里将公司强制清算认定为与自行清算相并列的一个清算概念。强制清算与自行清算有着显著的差异，有其特殊之处，主要体现在以下几个方面。

（一）以公司自行清算不能为条件

强制清算虽然是公司的一种清算方式，但是其必须以公司自行清算不能为条件。也就是说，在公司自行清算已经顺利进行的情况下，即公司在出现解散事由后，清算义务人按照法律规定组织清算，由清算义务人选任的公司清算组并未出现拖延清算或者违法清算而严重损害公司相关利益主体的利益，公司自行清算的清算组能够对公司的债权债务进行清理以及进行其他清算事务，以此来了结公司的一系列法律关系，公司清算的目的能够在自行清算程序中得以实现，此时强制清算程序就没有启动的必要。

（二）强调法院的介入

在公司自行清算的情形下，法院除了在认定清算义务人、清算组成员的民事责任时可以介入清算程序，通常情况下不应当干预清算的运行；不同于自行清算，强制清算强调法院的介入。因为强制清算的启动是在公司自行清算不能的前提下，相关主体向法院申请启动强制清算程序，所以法院对于公司强制清算程序的介入较自行清算程序要深入，贯穿强制清算程序的启动直至终结整个清算过程中，包括指定和更换清算组成员、确认清算方案、对清算组关于延长清算期限申请的决定、确认清算报告以及裁定强制清算案件终结。由此可见，法院对强制清算更为直接地、积极地干预甚至主导清算程序的进行。

（三）激励和保护债权人的参与

强制清算与自行清算相比最显著的区别在于，强制清算激励和保护债权人参与清算过程。在公司自行清算中，由于债权人对公司享有债权，而股东也对公司享有股权，两者的利益受到均衡的保护，债权人债权的实现是有保障的，因此债权人一般没有必要参与清算过程。而强制清算是基于公司自行清算不能的前提下而启动，此时，公司股东借公司解散之机任意处分公司财产、转移甚至私分公司财产等情况时有发生，在此种情况下，债权人对公司享有的债权受到极大的威胁，因此强制清算激励和保护债权人参与清算过程，保障其实现债权。

（四）限定清算的期限

公司自行清算本属于公司自治的范畴，应由公司的投资者（股东）自主确定清算组成员，法律只需为其确定一套公平和合理的清算秩序，并通过相关责任制度的建立和完善，来保障公司清算的公正，没有必要直接介入公司的具体清算事务，因此，对于自行清算的期限，法律没有进行特殊的规定。与自行清算不同，由于强制清算启动的特殊事由，法律对其期限进行了限定，以防止长期不能清算终结，损害相关权利主体的利益；同时，也规定了遇到特殊的原因，权利人可以向法院申请延长清算期限，最终由法院作出决定。

三、完善公司强制清算制度的现实意义

（一）进一步完善我国公司清算制度

公司清算制度由一系列的法律行为构成，是公司法人人格终止的必经程序，通过法律对公司清算程序进行详细的规定，以使各方的利益能够得到均衡保障，即从程序的公正中体现实质的正义。公司能够得以成立是以股东之间以及股东与债权人之间等相关主体之间的相互信任为纽带，然而公司出现解散事由时，在大多数情况下，是由于丧失了这种信任，维系各方一致利益的基石已经不存在，那么相关主体的矛盾就会尖锐化。公司清算制度正是为了妥善地使公司能够理性地退出市场，使其在存续期间的各种法律关系消灭的一系列法律制度的总和。

目前，我国的公司清算分为自行清算、强制清算以及破产清算。破产清算适用《企业破产法》，本书中不进行论述。当公司出现解散事由，如果资能抵债，公司的清算义务人就有义务组织清算组，开始公司的清算。而当公司出现解散事由后，由于股东之间的尖锐矛盾和公司管理机构的瘫痪，在通常情况下是无法自行组织清算的，如果听任当事人的自行安排，只会徒增当事人更多的成本，并极有可能导致公司财产的流失，损及债权人的利益。而在实践中由于相关主体的诚信的缺失，公司解散不予清算以及不依法进行清算的情况也普遍存在，使得当债权人及其他权利人向公司主张其权利时，公司早已不复存在，即使向法院提起诉讼，对相关权利人受到的损失也已经于事无补。所以，《公司法》规定了强制清算程序，一旦债权人或者股东发现公司清算义务人怠于指定清算组，或者清算组怠于清算以及违法清算而严重危害其利益时，就可以根据相关法律规定向法院提出公司强制清算申请，来维护其自身的利益。但是由于《公司法》及其相关司法解释对强制清算程序的规定尚不完善，使得法院在司法操作中缺乏相应的法律规定而无从裁判，从而使对权利人的利益保护处于一种很不足的状态。公司自行清算不能而进入强制清算程序，强制清算却由于相关法律规定的缺失而悬而未决，使得公司清算制度形同虚设。因此，完善我国公司强制清算制度迫在眉睫。

（二）保护各方利益均衡

法的价值是法作为客体在与人作为主体的关系中所体现出来的，能够满足人的需要的积极意义或有用性。公司清算制度是使公司顺利地退出市场，规范公司与相关权利主体以及权利主体之间的合理秩序的程序性的法律规范。其实质就是通过正义的程序，保证清算时结果的公平。没有正当的程序，即对于秩序的如何维持没有具体规定，就谈不上实质意义上的公正。公司清算程序的公正不仅是程序上的公正，而且是对不同主体的利益均衡的保护。

公司的有限责任制度满足了人们对于风险的有效规避，同时也满足了人们对利益的追求，是公司得以发展的基石。但是任何一项制度在起着正面作用的同时也会产生副作用。公司的有限责任制度强调对公司股东利益最大化的追求，其他各方的利益处于次要的地位。然而公司作为一类重要的商事主体，其与各方相关主体存在着形形色色的联系，各方相关主体之间又有着密切的联系。比如，公司与公司发起人之间，发起人对于公司的能否设立起着至关重要的作用；公司股东与社会公众之间，公司在追求公司股东利益最大化的同时，也要接受公众、政府的监督等。在法律面前没有特殊，有的只是平等，这就使公司对公司股东的利益进行保护的同时，要权衡对其他各方利益的影响。公司清算制度本身其实也是对公司的有限责任制度的副作用的补充，在公司清算制度的整个相关法律规定中到处都体现了平衡各方利益的要求。公司自行清算实际上是公司的内部人员对公司的清算起着主导的作用，在一定程度上体现了各方利益的平衡。各方利益平衡在公司清算中体现在任何一种清算方式之中。

目前，对公司强制清算的法律规定也有平衡各方主体利益的体现。比如，赋予公司强制清算中债权人、股东向法院申请强制清算程序的权利，是对债权人、股东的利益平衡的体现。但是这并非就说明公司清算制度仅仅体现股东与债权人利益之间的平衡。2009年11月4日最高人民法院印发的《关于审理公司强制清算案件工作座谈会纪要》中规定了强制清算程序中的听证程序，虽然该纪要对于外部没有法律效力，但是也能看出我国公司强制清算程序中对社会公众利益保护的趋势，而目前相关法律对强制清算程序相关规则的规定尚欠完善，会使得各方利益平衡在公司清算制度中的体现黯然失色。

（三）保障交易安全与信用安全

健康的交易秩序和信用体制是市场经济发展必不可少的条件，而完善的强制清算制度为交易安全和社会信用提供一定的法律保障。公司解散后依照法律规定进行清算对整个交易秩序的安全和社会的公共安全都有着十分重要的影响，而公司作为重要的商事主体，与市场交易安全有着密切的联系，公司强制清算制度作为一种自行清算不能时为相关主体提供及时有效的补救措施，对交易安全有着特殊的意义。公司解散清算不仅对破坏交易安全的公司有一定的预警作用，同时还为债权人以及其他利益相关者提供了一种有力的法律保障。但如果公司解散不依法清算或者没有按照法定的程序进行清算，则会导致无法终结与其有关的法律关系，公司债权人等利害关系人的利益无法实现，并且会由于公司与公司之间相互联系，还会产生一系列的连锁反应，从而影响整个社会交易秩序的安全。此外，公司如果滥用法人退出机制，以不正当的方式和手段退出市场，损害利害关系人的利益，势必会导致社会信用的下降。社会信用下降将增加交易成本，同时会影响经济效益。而强制清算是公司自行清算与破产清算的一个中间环节，其能避免不诚信公司怠于清算而"人去楼空"等使得公司自行清算不能的情况发生，帮助市场淘汰那些已经出现解散事由而不进行清算的公司，从而最大限度地杜绝公司恶意借解散之机逃避债务、非法处分公司财产等损害利害关系人的行为，廓清整个市场环境，维护社会交易安全，重塑社会信用，维护整个社会经济的良好发展。

四、有关清算人的理论学说

（一）清算人与清算组

我国公司解散清算制度的体系缺乏系统性，对清算主体的称谓也不尽相同，如清算主体存在"清算委员会""清算组织"等称谓，但最为常用的称谓还是"清算人"和"清算组"。《中华人民共和国合伙企业法》等与企业相关的立法中首次将清算组织称为"清算人"。而"清算组"的称谓首次出现在1986年颁布的《中华人民共和国企业破产法（试行）》中，在随后的1993年《公司法》中也沿用了该称谓。有的学者认为"组"即组织，代表法人而非自然人，人们便更加习惯用"清算组"一词。还有的学者认为“清算组”不同于“清算人”，这是两个完全不同的概念，应当严格进行区分，分别设定权利与义务。但是，笔者认为这两个概念并无实质性的区别，而仅是称谓的不同。公司立法应该统一对清算主体的称谓，统一采用“清算人”的概念。主要有两点原因：首先，清算组注重的是“人的集合”，而当公司清算人仅有一人时，使用清算组的称谓便不够严谨；其次，世界上其他国家大部分也是使用“清算人”的称谓，应当同国际接轨。从2006年《企业破产法》中把清算组改为破产管理人的重大变革来看，“清算人”概念的使用也是时间早晚的问题。因此，这里采用的是“清算人”的称谓。

（二）清算人与清算义务人

长期以来并没有严格界定清算人与清算义务人，导致两者常常混用。比如，有的学者认为清算义务人是指对终止法人资格的企业负有清算义务的民事主体。从该定义来看，并不能对两者进行本质的区分。笔者认为，两者区分的关键是清算义务人是“组织清算”，而清算人是“进行清算”。清算人是指在清算中依照法定程序处理公司未了结事务，追讨债权，清偿债务，清理并合理分配公司剩余财产的具体执行机关。清算义务人是指当公司解散后，基于其在公司的特殊法律地位，依法负有组织有关人员对公司进行清算的义务，未及时组织清算或违法组织清算的行为，造成债权人等利害关系人利益损失时，应依法承担赔偿责任的民事主体。只有当清算义务人担任清算人进行清算时，这两个概念的民事主体才存在竞合。

清算人与清算义务人主要有以下几点不同。第一，产生的时间点不同。当公司进行清算时，首先产生的是清算义务人，随后才会产生清算人，有时间上的先后顺序。第二，产生方式不同。自行清算中，由公司章程或股东会决议产生清算人或由法律规定清算人由谁担任。强制清算中，由法院指定相关人员成为清算人。而清算义务人由《公司法》直接规定。《公司法司法解释二》第十八条则具体规定：“有限责任公司的股东、股份有限公司的董事和控股股东未在法定期限内成立清算组开始清算，导致公司财产贬值、流失、毁损或者灭失，债权人主张其在造成损失范围内对公司债务承担赔偿责任的，人民法院应依法予以支持。有限责任公司的股东、股份有限公司的董事和控股股东因怠于履行义务，导致公司主要财产、账册、重要文件等灭失，无法进行清算，债权人主张其对公司债务承担连带清偿责任的，人民法院应依法予以支持。上述情形系实际控制人原因造成，债权人主张实际控制人对公司债务承担相应民事责任的，人民法院应依法予以支持。”第三，义务内容不同。清算人的义务是完成具体的清算事务，既包括积极的作为义务（如通知债权人、公告清算事项、处理债权债务等），也包括消极的不作为义务（如禁止自我交易、不得违法披露商业秘密等）。清算义务人的义务主要指的是积极的作为义务（如宣布公司解散、启动公司清算程序、产生清算人等）。第四，义务性质不同。清算人的义务是基于公司章程或法院指定而产生的，因此其义务是约定或指定的，公司或法院有权解任清算人，清算人也有权辞去其职务。但清算义务人的义务是由公司法规直接规定的，清算人不能随意解除其义务。

（三）清算人的分类

在非破产清算中，关于清算人的分类，理论上没有一个统一的标准。有的学者认为清算人应依照选定程序的不同分为法定清算人、选定清算人和指定清算人三类。而有的学者认为上述三种分类不能囊括清算人产生的所有情形，还应加入章定清算人的分类。笔者认为，上述关于清算人分类并没有实质性的区别，因此，为了与下文的论述保持一致，笔者将清算人分为选定清算人、法定清算人和指定清算人三类。

选定清算人主要指公司内部基于意思自治而产生的清算人，主要包括章定清算人和议定清算人两种类型。章定清算人分三种情况：一是公司章程直接规定清算人由谁担任，二是公司章程规定清算人由哪个机构产生，三是公司章程只规定清算人的产生办法或产生程序。世界各国的公司法大多数承认章定清算人的法律效力，这体现了司法权对私权的尊重。议定清算人是指公司章程中并未规定清算人的具体产生办法，清算人通过公司召开会议形成决议的方式而产生。在章程未规定清算人或者股东会对章程规定的清算人有异议时，股东会都有权通过特别会议决定或者重新决定清算人人选。

法定清算人是指清算人的具体人选直接由公司法规规定。《公司法》中并未出现法定清算人的术语，但根据《公司法》第二百三十二条的规定，“董事为公司清算义务人”“清算组由董事组成，但是公司章程另有规定或者股东会决议另选他人的除外”。

指定清算人是指公司出现解散事由后，公司章程或股东大会决议未选任清算人，而董事等法定清算人又不能担任清算人的情形下，法院依据利害关系人的申请而选派的清算人。此处的利害关系人是指公司的债权人、债务人、无法胜任清算事务的股东和其他与公司有密切关系的人。法院只能依利害关系人的申请指定清算人，而不能主动依职权指定清算人。公司必须认同法院指定的清算人，不能擅自自行更换指定清算人。指定清算人主要分为两种：法院指定清算人和主管机关指定清算人。在我国仅存在法院指定清算人的情况。由于我国强制清算中清算人制度尚欠完善，司法实践适用仍较为困难。

（四）清算人地位的三个学说

我国关于清算人的法律地位，一直未形成一个统一的看法。理论上，主要有以下三种观点：独立清算法人说、代表机构说和法定临时执行机构说。

独立清算法人说认为，公司进入解散清算程序后，原公司不再具有法律上主体资格，原公司在清算阶段的主体资格由清算人继承，清算人享有原公司的权利能力与行为能力，在诉讼中以自己的名义参加诉讼，因而称清算人为清算法人。基于相关司法解释的规定，长期以来，我国法院将清算人作为诉讼主体。

代表机构说认为，清算人类似于公司的董事会，在清算过程中，清算人代表公司执行相应事务，对内处理公司的清算事务，对外处理公司的债权债务关系，此时清算人拥有与董事会相同的法律地位，虽然两者处理公司的具体事务并不相同，但是享有董事会相同的地位。因此，代表机构说不同于独立清算法人说，公司的主体地位并未丧失。清算人代表公司参加诉讼，是以清算公司的名义而非以自己的名义。根据《公司法》中关于董事的相关规定，只要不违反清算目的，清算人可以准用其规定。

法定临时执行机构说认为，清算人是公司在清算阶段执行公司相关事务的民事主体，具有临时性，仅存在于公司清算阶段。支持该观点的主要理由有两个。第一，非破产清算分为自行清算与强制清算，在公司自行清算中清算人主要是由公司内部意思自治产生，此时可以认为清算人代表公司。但在强制清算中清算人由法院指定产生，在该种情况下，显然缺乏公司的授权，此时代理说便失去了法理基础。第二，公司在清算中，不仅要维护公司的利益，更要兼顾公司债权人、中小股东的利益。

独立清算法人说的不合理之处主要有两点。第一，在公司的自行清算中，清算人是由股东或章程选任的，代表公司处理公司的清算事务。清算人基于授权而产生，并不具有独立的法律地位。第二，清算人作为诉讼主体，却由解散的公司承担诉讼后果，违反了合同相对性原则。并且从我国的立法进程中，也逐渐明确了清算中的公司才是诉讼中的当事人，具体体现在2015年颁布的《最高人民法院关于适用〈中华人民共和国民事诉讼法〉的解释》第六十四条："企业法人解散的，依法清算并注销前，以该企业法人为当事人；未依法清算即被注销的，以该企业法人的股东、发起人或者出资人为当事人。"

代表机构说源于英美法系的代理说，基于代理关系理论，在授权范围内代理人以被代理人的名义实施相应的法律行为，根据代理的归属规范，只要代理人实施的代理行为并未超过授权范围，该代理行为产生的一切权利义务与责任都应归属于被代理人。公司自行清算中，章程或股东会决议产生清算人，清算人是公司的代理机构。强制清算中清算人并非由公司选任，而是由法院指定，此时，代表机构说便失去了法理基础。此外，代表机构说的理论忽视了债权人和公司股东的利益。在代表机构说中，清算人代表清算公司，这就说明清算人在处理公司清算事务中，仅仅代表公司的利益。但无论在自行清算还是强行清算中，债权人和公司股东的利益都不能被忽视。最终，如果采取代理机构说，那么清算人为公司的代理人，公司为被代理人，当公司实施危害公司财产的行为时，作为代理人的清算人可以对被清算人公司的行为行使否认权，显然，代理机构说并不能合理地解释这一行为。还有观点认为，当公司进行自行清算时，此时清算人的法律地位应采取代表机构说。而当公司进行强制清算时，此时清算人的法律地位应采取独立清算法人说。这种观点的本意是为了解决公司解散清算中强制清算的情形，而提出的一种二分法观点，但是这种观点将简单问题复杂化。公司处于解散清算时仍然具有独立的法人人格，强制清算中的清算人也具有独立的法人地位，那么指定清算人与公司的权利和义务必将产生冲突。

法定临时执行机构说有其合理之处。首先，法定临时执行机构说能为不同方式选任的清算人提供理论依据。无论公司的清算人是通过选定、法定，还是指定的方式产生，该学说都能为其提供合理的理论基础。其次，该学说能保证清算人在清算的过程中具有一定的独立地位。在司法实践中，清算工作常常因为各种原因，导致其不能正常进行。该学说为清算人提供了一个相对独立的法律地位，一方面能平衡清算中公司、股东、债权人各方的利益；另一方面能保证清算工作的有效推进。对该学说持反对意见的主要理由是：法定临时执行机构说只会将简单问题复杂化，提出一个新的理论将会导致相关法律规定的一系列变化，增加立法负担。但事实上，我国现行强制清算制度的相关法律规定过于简单，难以满足实践需要。如果说一个理论有其合理性，但因怕增加立法工作负担，便否认其存在的合理性，显然这种做法是值得怀疑的。

五、清算义务人制度的运行现状及困境

（一）清算义务人制度的现行法律规定及其分析

1. 现行法关于清算义务人制度的规定

（1）《公司法》的规定

根据1993年《公司法》的规定，对公司清算的方式进行了分类，分为自行清算、法院的司法清算和主管机关负责组织清算。随后1999年和2004年颁布的《公司法》都延续了该条规定。之后2005年《公司法》的修订，取消了主管机关组织清算的义务，并且新增了司法解散，重构了公司的清算程序，根据其第一百八十一条的规定，将自愿解散、行政解散、司法解散统一规定为公司自行清算，自行清算不能时，债权人可以请求司法清算。2013年、2018年《公司法》延续了上述规定。2023年修订后的《公司法》第二百三十二条规定“董事为公司清算义务人，应当在解散事由出现之日起十五日内组成清算组进行清算。”

（2）《公司法司法解释二》裁判依据

《公司法司法解释二》是为了正确适用《公司法》，结合审判实践，就人民法院审理公司解散和清算案件适用法律问题作出的具体规定。以下是关于《公司法司法解释二》裁判依据的详细解析。

①公司解散诉讼的受理条件。《公司法司法解释二》第一条明确规定：“单独或者合计持有公司全部股东表决权百分之十以上的股东，以下列事由之一提起解散公司诉讼，并符合《公司法》第一百八十二条规定的，人民法院应予受理：（一）公司持续两年以上无法召开股东会或者股东大会，公司经营管理发生严重困难的；（二）股东表决时无法达到法定或者公司章程规定的比例，持续两年以上不能做出有效的股东会或者股东大会决议，公司经营管理发生严重困难的；（三）公司董事长期冲突，且无法通过股东会或者股东大会解决，公司经营管理发生严重困难的；

（四）经营管理发生其他严重困难，公司继续存续会使股东利益受到重大损失的情形。股东以知情权、利润分配请求权等权益受到损害，或者公司亏损、财产不足以偿还全部债务，以及公司被吊销企业法人营业执照未进行清算等为由，提起解散公司诉讼的，人民法院不予受理。”

②解散诉讼与清算申请的分开处理。《公司法司法解释二》第二条规定：“股东提起解散公司诉讼，同时又申请人民法院对公司进行清算的，人民法院对其提出的清算申请不予受理。人民法院可以告知原告，在人民法院判决解散公司后，依据民法典第七十条、公司法第一百八十三条和本规定第七条的规定，自行组织清算或者另行申请人民法院对公司进行清算。”

③财产保全与证据保全。《公司法司法解释二》第三条规定：“股东提起解散公司诉讼时，向人民法院申请财产保全或者证据保全的，在股东提供担保且不影响公司正常经营的情形下，人民法院可予以保全。”

④诉讼主体的确定。《公司法司法解释二》第四条规定：“股东提起解散公司诉讼应当以公司为被告。原告以其他股东为被告一并提起诉讼的，人民法院应当告知原告将其他股东变更为第三人；原告坚持不予变更的，人民法院应当驳回原告对其他股东的起诉。原告提出解散公司诉讼应当告知其他股东，或者由人民法院通知其参加诉讼。其他股东或者有关利害关系人申请以共同原告或者第三人身份参加诉讼的，人民法院应予准许。”

⑤注重调解与及时判决。《公司法司法解释二》第五条规定：“人民法院审理解散公司诉讼案件，应当注重调解。当事人协商同意由公司或者股东收购股份，或者以减资等方式使公司存续，且不违反法律、行政法规强制性规定的，人民法院应予支持。当事人不能协商一致使公司存续的，人民法院应当及时判决。”

⑥清算组的成立与职责。《公司法司法解释二》第七条规定：“公司应当依照民法典第七十条、公司法第一百八十三条的规定，在解散事由

出现之日起十五日内成立清算组，开始自行清算。有下列情形之一，债权人、公司股东、董事或其他利害关系人申请人民法院指定清算组进行清算的，人民法院应予受理：（一）公司解散逾期不成立清算组进行清算的；（二）虽然成立清算组但故意拖延清算的；（三）违法清算可能严重损害债权人或者股东利益的。”

⑦清算组的组成与更换。《公司法司法解释二》第八条规定：“人民法院受理公司清算案件，应当及时指定有关人员组成清算组。清算组成员可以从下列人员或者机构中产生：（一）公司股东、董事、监事、高级管理人员；（二）依法设立的律师事务所、会计师事务所、破产清算事务所等社会中介机构；（三）依法设立的律师事务所、会计师事务所、破产清算事务所等社会中介机构中具备相关专业知识并取得执业资格的人员。”第九条规定：“人民法院指定的清算组成员有下列情形之一的，人民法院可以根据债权人、股东、董事或其他利害关系人的申请，或者依职权更换清算组成员：（一）有违反法律或者行政法规的行为；（二）丧失执业能力或者民事行为能力；（三）有严重损害公司或者债权人利益的行为。”

⑧清算程序与债权清偿。《公司法司法解释二》第十三条规定：“债权人在规定的期限内未申报债权，在公司清算程序终结前补充申报的，清算组应予登记。公司清算程序终结，是指清算报告经股东会、股东大会或者人民法院确认完毕。”第十四条规定：“债权人补充申报的债权，可以在公司尚未分配财产中依法清偿。公司尚未分配财产不能全额清偿，债权人主张股东以其在剩余财产分配中已经取得的财产予以清偿的，人民法院应予支持；但债权人因重大过错未在规定期限内申报债权的除外。”

（3）《中华人民共和国民法典》最终确立

2017年，《民法总则》的颁行，正式在法律层面上确定了“清算义务人”的概念。2021年1月1日《中华人民共和国民法典》（以下简称《民法典》）正式实施，与此同时《民法总则》废止。《民法典》对于清算义务人制度进行了保留，在其第七十条，就条款表述继承了《民法总则》的规定，最终确定了清算义务人制度。《民法典》第七十条的规定，包含了三个层面的内涵。

第一，根据其第一款的规定，把法人解散作为启动清算程序的前提。而法人解散的情形是《民法典》第六十九条所规定的，除分立、合并之外的其余情形。由于分立、合并是较为特殊的解散情形，对于其权利义务的规定也比较明确。该款还是对清算义务人法定义务的规定，是针对公司解散后没人启动或不及时组成清算组清算而设立的规定。

第二，其第二款规定了清算义务人的主体为董事、理事等执行机构或决策机构的成员，还设立了例外规定。

第三，其第三款规定了清算义务人的民事责任及救济途径。

通过第二款和第三款的规定，可以看出《民法典》所作出的是一个开放性的规定，对于具体的清算义务人主体范围及民事责任，需要进一步的明确。可以说《民法典》第七十条正式确立了清算义务人制度，并对其主体范围和民事责任进行了规定，结合《公司法》第二百三十二条的规定，我国确立了清算组和清算义务人并行的双轨制清算体系。

综上，通过对清算义务人相关法律规定的梳理，分析不同效力的法律文件对清算义务人的规定，涉及是否规定了清算义务人，对有相关规定的，则对条文中涉及的内容包括主体、责任等进行了分析。这表明我国的清算义务人制度是从司法实践中总结经验上升到立法层面而形成的规定。当然，在此背景下形成的清算义务人制度也存在许多不足，在司法实践中还存在裁判标准不一的现象，仍需不断完善。

2. 现行法清算义务人制度存在的问题

（1）实务操作中的挑战

《公司法》将董事明确列为公司清算义务人，这一变化在经营实践中可能对公司治理结构、章程条款设计、董事会职权、董事和股东权利义务责任承担等方面产生重大影响。然而，这些变化需要公司内部进行相应的调整和适应，这可能会遇到各种实际操作上的困难和挑战。

（2）司法解释的滞后性

尽管《公司法》对清算义务人作出了明确规定，但在司法实践中，相关的司法解释尚未完全跟上。例如，《公司法》第二百三十二条对于清算义务人及怠于履行清算义务责任进行了重大修订，但这一修订可能会引发司法解释及其他配套规定的新一轮重大修改。这种滞后性可能导致在实际案件审理中，法官在适用法律时面临一定的困难。

（3）法律责任的界定欠清晰

《公司法》虽然明确了董事为清算义务人，但对于董事在何种情况下需要承担责任以及责任的具体范围和程度，并未给出清晰的界定。这可能导致在实际操作中，董事对于自己的法律责任感到困惑，同时也可能使得债权人或其他利益相关方难以有效地追究董事的责任。

在理论上，对于清算义务人主体范围的讨论，一直是学术界研究的重点，存在较大的争议。有学者主张，全体股东应为公司的清算义务人，其理由在于股东大会是公司的权力机关，对公司的经营决策具有决定权，对公司的解散、清算自然享有决定权，启动清算程序应是股东的法定义务。有学者则表示反对，理由是股东原则上只负有充实出资的义务，不应再对清算程序的启动负有义务，这样容易加重其责任。因此，他们主张董事是公司的清算义务人，理论依据在于董事是公司事务的执行者，处理清算事务更具有效率。还有的学者认为，实际控制人可以通过一定方式对公司享有控制权，也应该被包含在主体的范围内。总之，可以看出我国学术界对清算义务人的主体范围存在不同的认识，没有形成一致的观点。特别是将有限公司的全体股东作为清算义务人，争议最大。支持者认为，有限公司股东人数较少，作为清算义务人具有合理性。但是根据我国法律，有限责任公司的股东为50人以下，实践中，几十人的公司普遍存在，人数并不算少，作为清算义务人是缺乏合理性的。况且与之相比，董事人数则更少，由其作为清算义务人不是更合理吗？而且考虑到公司中还存在一部分的“弱势”小股东，持股比例低，不参与公司的经营管理，对公司的情况也不甚了解，如果要求他们承担清算责任，则从根本上违背了公司正义原则。如果完全否认股东的清算义务人身份，那么作为公司利益享有者的股东不承担清算责任，而要求董事承担清算责任，是否又合理？这些问题都需要探讨。

（4）区分公司类型界定清算义务人不具有合理性

通过对现行立法的分析发现，涉及清算义务人制度的两部法律，一个区分公司类型，另一个则统一规定，因此是否需要区分引发我们的思考。公司类型化是公司法区分构建公司规范的基石，不同公司类型可以满足不同类型投资者的投资需求和交易相对人的合理预期。在清算义务主体的确定上，《公司法司法解释二》根据公司的不同类型，确定不同的清算主体。对于区分的合理性，有学者认为是合理的，通过公司类型的区分，针对有限公司和股份公司各自的公司特点，分类适用不同的清算义务人。也有学者表示反对，认为无须区别对待，统一规定是合理的。从公司分类区别的目的来看，其是要实现不同类型公司的高度区分性，以便针对不同公司各自的特点，适用不同的规定，实现更好地发展，清算义务人制度的区分同样要达到此目的。然而，由于我国有限责任公司和股份公司法律形态的区分并没有达到高度的区分性，导致我国旨在区分界定公司清算义务主体范围的目的并未实现。

当然，我国有限责任公司与股份公司之间存在差异是毋庸置疑的，通过《公司法》的规定，可以窥见其差异性。通过分析，总结如下。一是股东人数：有限责任公司的股东为50人以下；股份公司的发起人为2~200人。二是设立方式：有限责任公司通过发起设立；股份公司通过发起设立或者募集设立。三是组织机构：在公司内部组织机构的设置上，两种类型的公司都设立股东（大）会、董事会、监事会，当然人数较少的有限责任公司可以设置执行董事或监事。四是股份对外转让：有限责任公司的股份对外转让必须经其他股东过半数同意，以协议的方式进行；

股份公司股份的转让只需双方当事人达成意思一致即可，并无转让条件的限制。

虽然有限责任公司和股份公司在以上几方面存在差异，但是这种差异并没有实现高度的区分性。一是股东人数。两种形式公司的股东或者发起人人数上存在重合，即50人以下也可以设立股份公司，无法通过公司人数区分公司类型，况且并不是说人数少，公司股东之间的联系就密切，以此并不能体现公司的人合性和资合性。二是公司的设立方式。两类公司都可以通过发起设立的方式成立公司，存在相同之处，凭借设立方式不能够区分公司类型。三是在公司机构的设置上。有限责任公司和股份公司都设立"三会"，即使股东人数较少的有限责任公司也可以设立执行董事和监事，其职责与董事会和监事会的职责并无不同。四是股份的对外转让。考虑到两种形式的公司在"人"和"资"上的侧重不同，股份公司相较于有限责任公司少了股份转让的限制。

通过以上分析，可以看出有限责任公司和股份公司并没有实现高度的区分性，反而在很多方面是相似的甚至是重合的。对于清算义务人制度来说，区分公司类型是为了实现制度适用的合理性和可操作性，真正有益于公司的清算。因此才产生了区分公司类型适用不同的主体启动清算程序的规定，然而实际情况是，以股东人数来区分公司类型是缺乏高区分度的，让司法解释想要区分公司形态界定不同主体的意图落了空。清算义务人制度设立的目的在于推动清算程序的展开，是让解散的公司有序退出市场，与公司类型并无直接的关系。因此，在之后的立法过程中，也可考虑无须区分公司类型划分主体范围，要综合考虑立法的可实操性，实现制度目的。

（5）清算义务人的民事责任性质不清晰

对于清算义务人的民事责任，《民法典》规定了未及时履行清算义务造成损害的，应当承担民事责任。可以看出这是一个不完全条款，对于给谁造成损害，承担什么样的责任，缺乏明确的规定。但这种抽象化的立法技术，留下了对规则进行细化的空间，尤其是可以吸纳商事规则来细化，因为抽象化程度较高的民法对商法具有总括的实用价值。而《公司法司法解释二》则根据造成损害结果的不同，划分为清算行为责任、清算赔偿责任和清算清偿责任，尤其是清算赔偿责任和清算清偿责任的区分，导致责任体系适用上的相对混乱。对于清算义务人承担民事责任的性质，两部法律中都没有相关的解释，在理论上形成了法人人格否认说、侵权责任说等观点。根据《公司法司法解释二》第十八条表述，由赔偿责任到连带清偿责任是由未及时履行清算义务导致“无法清算”结果的出现，逻辑上体现为递进关系，因而其背后的法理依据应当是相同的。但是根据最高人民法院民事审判第二庭编著的《最高人民法院关于公司法司法解释（一）、（二）理解与适用》（以下简称《理解与适用》）一书中所述，其认为承担赔偿责任的法理依据是侵权行为，而清偿责任的法理依据则是法人人格否认制度，何况就第十八条而言，其第一款和第二款的行为皆属于不作为，在性质上应该是相同的，但出现了两种不同的法理基础，明显在逻辑上存在漏洞。在责任性质存在争议的情况下，司法实践中对责任的构成要件也就存在认定不一致的情况，那么在举证责任、诉讼时效等方面的认定上也就存在不清之处。虽然《全国法院民商事审判工作会议纪要》的出台，有针对性地提出了一些措施，可适用于司法实践，但对于责任性质等问题仍缺乏规定，无法被法院灵活应用。

（二）清算义务人制度的司法实践

1. 司法裁判实证分析

为了更全面地了解目前我国司法实践中，不同法院对于公司清算义务人制度的具体认识，笔者通过裁判文书网，以“清算责任纠纷”为案由，法条依据“《民法总则》第七十条”，对《民法总则》施行以后所作出的裁判案例进行检索，选取部分所得案例进行分析梳理，总结如表1–1所示。

表1-1　清算义务人裁判案例

案号	裁判依据	裁判理由	其他
(2018)京0101民初3117号	《民法总则》第七十、第七十一条,《公司法司法解释二》第十八条	根据《民法总则》,投资人负有清算义务是公司的清算义务人;根据《公司法司法解释二》,投资人怠于履行义务,导致公司无法清算的,承担连带清偿责任	被告为公司股东,缺席审判
(2017)闽0212民初3357号	《民法总则》第七十条,《公司法》第一百八十、第一百八十三条	被告作为投资人,应在公司解散后15日内成立清算组,作为清算义务人怠于履行清算义务应承担民事责任	被告为股东
(2018)粤0106民初27170号	《民法总则》第六十九、第七十条	被告被吊销营业执照后,未能履行清算义务,承担清算责任	被告为股东
(2018)渝0106民初17136号	《民法总则》第六十九、第七十条	公司被吊销营业执照后,应当依法清算,清算义务人为有限公司的股东	被告为股东,缺席审判
(2018)京0113民初2467号	《民法总则》第七十条,《公司法司法解释二》第十八条	公司解散后,公司股东未及时履行清算义务,致使财产及账册灭失,应承担清算责任	被告为股东,部分缺席,抗辩理由:被告系股东,受有限责任保护
(2018)浙1021民初7229号	《民法总则》第七十条,《公司法司法解释二》第十八条	清算义务是股东的法定义务,不因履行出资义务而免除清算义务,股东怠于履行清算义务应承担民事责任	被告为股东,部分缺席,抗辩理由:被告股权已经转让,不再是公司股东,因此没有清算义务
(2018)京0108民初54333号	《民法总则》第六十九、第七十条,《公司法》第一百八十、第一百八十三条,《公司法司法解释二》第十八条	清算责任纠纷属于侵权纠纷,诉讼时效自权利人知道或者应当知道权利受到损害以及义务人之日起;清算组成员承担违法清算的责任,不论是不是小股东、有没有参与经营,均应承担责任	被告为股东,抗辩理由:诉讼时效已过,其仅为公司的小股东,没有参与实际经营
(2020)湘0105民初83号	《民法总则》第七十条	根据《民法总则》,被告是公司股东,不是清算义务人,清算事务应由董事会负责;违反清算义务承担的责任为侵权责任	被告为股东,抗辩理由:诉讼已过时效;被告为公司小股东,未参与实际经营
(2019)沪0112民初35865号	《民法总则》第七十条,《公司法司法解释二》第二十条	根据《民法总则》,股东是清算义务人,根据《公司法司法解释二》第二十条,股东违法清算,应承担清偿责任	被告为公司股东,只在出资范围内承担责任,在公司清算过程中履行了全部程序和手续
(2019)粤0391民初331号	《民法总则》第七十条,《公司法》第一百八十条,《公司法司法解释二》第十八条	《民法总则》和《公司法司法解释二》的适用,适用旧的公司法特别规定,法律、行政法规另有规定的,依照其规定。因此,《公司法》将全体股东界定为公司解散后的清算义务人,而非董事	被告为董事,抗辩理由:股权已经转让,其不再是公司股东和董事,只是工商登记未变更;清算义务人应是公司股东,其为董事
(2020)苏0115民初7789号	《公司法司法解释二》第十八条	根据《公司法司法解释二》,有限责任公司的股东为清算义务人,承担怠于履行的责任	被告为股东,部分缺席,抗辩理由:清算赔偿责任是侵权责任,应举证证明符合侵权责任的要件

2.实证案例中关于清算义务人的典型争议问题

通过对以上裁判案例的分析，可以一窥我国司法实践在清算义务人主体及责任等适用方面的争议所在。

第一，司法实践中经常发生争议的公司类型主要是有限责任公司，被告多为公司股东，个别起诉了公司董事。一方面证明了《公司法司法解释二》对司法实践的影响，另一方面也表明股东作为清算义务人主体的观点仍被适用。如（2019）粤0391民初331号案件，明确表明股东为清算义务人，而否认董事。在起诉股东的案例中，法院的判决不乏引用《民法总则》进行裁判。如（2018）渝0106民初17136号案件，法院判决认为股东为清算义务人，此举也可以理解为法院认为《民法总则》第七十条的理解中，包含了公司股东。当然也有认为《民法总则》所说的清算义务人是公司董事而非股东，如（2020）湘0105民初83号案例。这也充分反映了司法实践中对于《民法总则》第七十条的理解存在分歧，对于清算义务主体范围存在不一致的看法，不利于司法活动的开展。且被告抗辩事由多为未实际参与经营、股权比例低、是小股东等理由，再结合出庭情况，可以发现参加诉讼的多是小股东，而要求其独自应诉，承担责任是否公平，值得深思。

第二，公司清算的事由多是涉及了行政解散中的被吊销营业执照，反映了在行政解散中，公司股东或董事或是因为主观原因逃避清算，或是被动原因被采取强制措施，难以启动清算程序，如果单纯地确定股东或者董事某一类主体作为清算义务人，可能会导致清算制度在某些情况下的失效。并且就被告的身份来看，多为股东，作为享受营业利润的股东以及非股东身份的董事，作为打工者的董事，本身能够承担风险的能力不足，要求股东承担责任能够更好地弥补损失。而且如果仅规定董事为公司的清算义务人，容易导致股东为了规避清算责任，选任非股东身份的董事，徒生道德风险，也会放走真正应当承担清算责任的人，严重影响营商环境和社会诚信。

第三，在诉讼中往往会涉及诉讼时效、清算责任性质的问题。部分法院认为清算责任纠纷属于侵权责任纠纷，应当适用诉讼时效，时效的起始时间是“自当事人知道或者应当知道其权利受到损害或义务人之日起”，如（2020）湘0105民初83号、（2018）京0108民初54333号案件。但同时也可以看到很多法院对此未作回应，仅判决承担民事责任、清算责任，至于责任的性质为何、诉讼时效怎样起算均未提及，表明司法实践中对责任性质及诉讼时效的起算存在不同看法。对此，后文将进行详细的分析。

第四，综观法院的裁判依据，有直接引用《民法总则》的，也有直接引用《公司法》以及《公司法司法解释二》的，还有的将《民法总则》《公司法》《公司法司法解释二》一起并列为裁判依据，但是缺乏说理，仅仅是列在一起，未说明为何引用，由此也反映出目前司法实践中，法院对于清算义务人制度的理解尚存在分歧。对于《民法总则》和《公司法司法解释二》的适用关系，也多是选择避而不谈，或者简单地以“特别法优于一般法”适用《公司法司法解释二》，如（2019）粤0391民初331号案例即如此。基于上文分析，适用“特别法优于一般法”的前提应是同一机关制定，但《民法总则》和《公司法司法解释二》显然不是，缺乏适用的前提。由此就导致了前文所说的清算义务人主体、责任性质不明等问题。

综上，从清算义务人的相关立法规定以及司法应用两个角度，对我国清算义务人制度的运行现状进行了分析，发现我国的清算义务人制度尚有待完善。无论是股东、董事主体身份的认定问题，还是应承担民事责任的性质，都存在争议。究其原因，一方面在于清算义务人制度是从司法实践中总结经验从而上升到立法层面的，在这一发展过程中缺乏充足的理论支撑，进而导致立法上就相关问题表述不清，影响到司法的适用；另一方面，作为规范公司行为的《公司法》缺乏对此问题的规定，仅在其司法解释中进行了规定，因此也引起了与《民法典》的适用争议，通过对立法人员原意的探究，认为《民法典》的开放式规定为法律留下了更多的解释空间，结合其他法律条文，能够实现法律的协调适用。《公司法》第二百三十二条明确了董事为公司清算义务人，规定董事应在公司解散事由出现之日起十五日内组成清算组进行清算。这一规定改变了以往公司相关立法中关于清算义务人规定的混乱和不确定状态，对公司的治理结构、章程条款设计、董事会职权、董事和股东权利义务责任承担等方面产生了重大影响。尽管《公司法》第二百三十二条在一定程度上明确了清算义务人的身份和职责，但仍可能存在一些不足之处。一是溯及力问题。《公司法》实施前，股东可能已经怠于履行清算义务人职责，此时无法要求董事承担清算义务人的责任。二是法律责任的明确性。虽然《公司法》规定了董事的清算义务，但对于董事未能及时履行清算义务时的具体法律责任，如赔偿责任的范围和标准，可能还需要进一步明确。三是特殊情况下的处理。对于公司被吊销营业执照等特殊情况下的清算义务人主体范围，《公司法》并未明确规定，这可能导致在实际操作中出现混淆和争议。四是司法实践中的挑战。《公司法》第二百三十二条的实施可能会对司法实践中本就争议颇多的怠于清算责任案件的裁判规则带来冲击，需要相应的司法解释和其他配套规定进行新一轮的重大修改。

第二节 我国强制清算制度的立法考察

一、2005年《公司法》及之前的立法考察

（一）1993年《公司法》的规定

1993年《公司法》颁布前，1988年的《中华人民共和国全民所有制工业企业法》第二十条（企业合并、分立或者终止时，必须保护其财产，依法清理债权、债务），1986年的《民法通则》第四十条（法人终止，

应当依法进行清算，停止清算范围外的活动）对清算制度有所涉及，但都是仅用法律条文对清算制度作了原则性的规定，而关于清算的具体问题如谁来启动清算、如何进行清算、谁来进行清算都未作出相关的规定。由于法条规定的原则化，因此当时的立法中也并没有强制清算、清算人等概念。

我国市场经济的确立与蓬勃发展，使关于企业方面的立法也不断完善。1993年《公司法》出台，该法第八章专门规定了公司解散、清算程序。1993年《公司法》也首次规定了强制清算制度，具体规定在第一百九十一条和第一百九十二条。第一百九十一条规定的是法院主导的强制清算（公司依照前条第（一）项、第（二）项规定解散的，应当在十五日内成立清算组，有限责任公司的清算组由股东组成，股份有限公司的清算组由股东大会确定其人选；逾期不成立清算组进行清算的，债权人可以申请人民法院指定有关人员组成清算组，进行清算。人民法院应当受理该申请，并及时指定清算组成员，进行清算），间接确定了法定清算人制度。第一百九十二条规定了行政机关主导的强制清算（公司违反法律、行政法规被依法责令关闭的，应当解散，由有关主管机关组织股东、有关机关及有关专业人员成立清算组，进行清算）。

1993年《公司法》相较于之前关于公司清算的立法，规定较为完整，用语也更加规范，但存在的不足之处也是明显的。首先，1993年《公司法》并没有规定强制清算程序中法院指定清算人的指定程序与指定范围，其“有关人员”的表述太过于宽泛，造成实际操作中诸多困难。其次，行政机关主导的强制清算存在许多问题。第一，有关主管机关在很多情况下并不存在。以自然人、法人为投资主体的大多数公司采取的是登记制，而非审批制，并不存在所谓的主管机关。第二，从节约行政资源上考虑，一是由行政机关主导强制清算本身便是对行政资源的一种浪费；二是由于行政机关缺乏专业性，在强制清算中反而会浪费更多的人力、物力。第三，行政机关主导强制清算易引发行政诉讼，浪费公共管理资源。基于上述原因，在2005年《公司法》中最终废除了由主管机关主导的强制清算制度。

（二）《外商投资企业清算办法》及相关地方立法

1996年颁布的《外商投资企业清算办法》（2008年3月已废止），是我国首部也是唯一一部专门规定清算制度的法规。该法规借鉴了国外通行做法，参照了1993年《公司法》的相关规定，对我国的三资企业清算事务作出了详细规定。其首次将清算分为普通清算和特别清算，并且该法规第三条规定了特别清算程序的启动事由："企业能够自行组织清算委员会进行清算的，依照本办法关于普通清算的规定办理。企业不能自行组织清算委员会进行清算或者依照普通清算的规定进行清算出现严重障碍的，企业董事会或者联合管理委员会等权力机构、投资者或者债权人可以向企业审批机关申请进行特别清算。企业审批机关批准进行特别清算的，依照本办法关于特别清算的规定办理。企业被依法责令关闭而解散，进行清算的，依照本办法关于特别清算的规定办理。"

该部法规的进步之处在于，不仅首次出现"特别清算"的措辞，而且明确规定了特别清算的启动事由。但其仍存在不足，该部法规虽然出现了特别清算术语，但是和境外成熟的特别清算制度相比，其只具有特别清算制度的外形，尚缺乏特别清算制度应有的程序构架与制度价值。此外，该法规在效力位阶上属于部门规章，级别较低，很难认定其为1993年《公司法》的扩大解释，并且该法规适用范围十分有限，仅仅适用于三资企业的清算事由，而不适用于国内企业。

（三）2005年《公司法》的规定

2005年《公司法》大幅度修改了旧公司法规，然而公司的解散清算制度却没有大的变化。2005年《公司法》并没有规定特别清算制度，仍然沿用1993年《公司法》关于强制清算的相关规定。2005年《公司法》唯一修改较大的方面是强制清算种类的变化。1993年《公司法》规定了行政机关主导的强制清算和法院主导的强制清算，而2005年《公司法》仅规定了法院主导的强制清算，废除了行政机关主导的强制清算。由于2005年《公司法》的规定仍然较为抽象、原则，缺少对强制清算程序中司法机关怎样组织清算、怎样指定清算人、是否应当对清算人的清算过程进行监督以及怎样进行监督的相关规定，使强制清算程序缺乏可操作性。

二、《公司法司法解释二》的相关规定

为了构建一个合法、高效的市场退出系统，保护利害关系人的合法利益，统一强制清算案件的审理标准，《公司法司法解释二》于2008年5月颁布实施，其主要目的是专门规范强制清算制度。如扩大了强制清算的申请事由；明确了强制清算的期限为六个月（第十六条规定："人民法院组织清算的，清算组应当自成立之日起六个月内清算完毕。因特殊情况无法在六个月内完成清算的，清算组应当向人民法院申请延长"）；增加了债务清偿协商机制等（第十七条规定："人民法院指定的清算组在清理公司财产、编制资产负债表和财产清单时，发现公司财产不足清偿债务的，可以与债权人协商制作有关债务清偿方案"）。

该司法解释对强制清算中清算人的相关制度也进行了相应完善，具体体现在以下几点。

第一，扩大了强制清算的申请主体。该司法解释出台以前，仅公司债权人有权申请强制清算，该司法解释又肯定了股东具有上述权利，该条规定有利于保护公司中小股东的利益。在司法实践中，公司出现解散清算事由，公司控股股东为了自身利益不主动清算或拖延清算，这时中小股东权利容易遭受侵害，该规定赋予了中小股东的救济权利。但司法解释同时规定了股东提请强制清算的前置条件：债权人未提起强制清算。这一规定并不合理，在强制清算中，公司股东和债权人利益同样易于遭受侵害，不能顾此失彼。

第二，首次规定了强制清算中法院指定清算人的积极条件。强制清算中清算人应当从公司股东、董事、监事等内部人员以及律师事务所、破产事务所等公司外部人员中产生。公司内部人员之所以能担任公司的清算人，是由于公司进入强制清算程序，债权人的债权通常能得到全额清偿，因而不要求清算人与公司没有利害关系，这一点不同于破产清算。还因为上述人员对公司的财产情况十分了解，有利于清算顺利进行。专业人员或专业机构可以成为清算人的组成人员，一方面是出于清算人职业化队伍建设的考虑，毕竟强制清算程序对专业性要求很高；另一方面塑造了清算人中立、公平、权威的形象，有利于清算顺利进行。

第三，规定了强制清算中法院指定清算人的消极条件。《公司法司法解释二》第九条规定："人民法院指定的清算组成员有下列情形之一的，人民法院可以根据债权人、股东的申请，或者依职权更换清算组成员：（一）有违反法律或者行政法规的行为；（二）丧失执业能力或者民事行为能力；（三）有严重损害公司或者债权人利益的行为。"清算人是否依法进行清算，是否具有执业能力，是否具有民事行为能力都直接决定了清算是否能够顺利进行，债权人、股东的利益是否能够依法得到实现。因此，清算人违法清算，丧失清算能力或行为能力或在清算过程中实施了其他严重损害公司或债权人利益的行为，该清算人便不能继续执行清算事务。

第四，明确了法院指定清算人的权利，进一步明确了法院为强制清算中清算方案的确认主体。该司法解释一方面赋予了法院选任和解任清算人的权利；另一方面通过对清算人条件的规定，来限制法院的自由裁量权，使法院在一定的范围内行使其监督权。如果说解任清算人使法院在强制清算中行使事后监督权，那么司法解释规定法院为清算方案的确认主体，便是法院行使事前监督权。法院通过事前、事后的有效监督，从而保障清算工作有序开展。

三、《关于审理公司强制清算案件工作座谈会纪要》的相关规定

《公司法》及其《公司法司法解释二》中对强制清算程序已进行较为详细的规定，但是仍然无法应对实践中的复杂情况。为了进一步完善强制清算制度的相关规定，《关于审理公司强制清算案件工作座谈会纪要》（以下简称《清算纪要》）应运而生。《清算纪要》明确程序公正是强制清算案件审理过程中应当坚持的原则，并对强制清算案件案号和审查受理程序进行了详细规定。

《清算纪要》对强制清算中清算人相关制度也有更为详细的规定，具体体现在以下几点。

第一，进一步细化了强制清算中清算人选任的相关规定，主要体现在《清算纪要》第二十二条规定的清算人的选任程序："人民法院受理强制清算案件后，应当及时指定清算组成员。公司股东、董事、监事、高级管理人员能够且愿意参加清算的，人民法院可优先考虑指定上述人员组成清算组；上述人员不能、不愿意进行清算，或者由其负责清算不利于清算依法进行的，人民法院可以指定《人民法院中介机构管理人名册》和《人民法院个人管理人名册》中的中介机构或者个人组成清算组。"根据《清算纪要》的规定，公司内部人员可以优先担任指定清算人。当上述人员不能或者不愿意担任清算人时，法院可选任中介机构和个人担任。也就是说，指定清算人的组成可分为三种情形：一是由公司内部人员单独组成，二是由中介机构单独组成，三是由公司内部人员和中介机构共同组成。此外，《清算纪要》还规定了强制清算中的清算人组成人数为单数，清算人应当推选或法院依职权确定负责人。这样的规定有利于快速达成有效的清算意见。

第二，规定了清算人的议事机制。无论是《公司法》，还是《公司法司法解释二》，都没有规定清算人的议事机制，而在《清算纪要》第二十六条中首次规定了清算人的议事机制："公司强制清算中的清算组因清算

事务发生争议的，应当参照公司法第一百一十二条的规定，经全体清算组成员过半数决议通过。与争议事项有直接利害关系的清算组成员可以发表意见，但不得参与投票；因利害关系人回避表决无法形成多数意见的，清算组可以请求人民法院作出决定。”清算人的组成人员为单数，清算人过半数同意便可通过清算决议。与决议事项有利害关系的清算人不能参加投票，若该清算人参加投票，债权人或其他清算人可以以该决议无效为由向法院申请撤销，以保证决议的公平性。

第三，首次规定了法院在强制清算中有权采取财产保全措施。法院受理强制清算后，如果公司内部人员实施或可能实施隐匿、转移、私吞公司财产等行为，阻碍清算工作开展，债权人或清算人可向法院提出财产保全申请。这一规定十分具有实践意义。但该规定明确了法院有权采取保全措施有两个条件：一是时间条件，即保全措施仅能在受理强制清算后采取；二是申请人条件，即保全措施只有在清算人或债权人向法院申请后才能采取，法院不能依职权采取保全措施。

《清算纪要》关于强制清算的规定，在一定程度上弥补了《公司法》及其司法解释的不足。但《清算纪要》不是立法文件，实践中也只有参照适用的效力，因此，《清算纪要》中关于强制清算的完善规定，应当尽快以立法的形式规定下来，通过立法来确认其效力。

此外，2023年修订的《公司法》中关于公司解散清算制度的规定有一些变更：①增加国家企业信用信息公示系统在公司清算、解散中的运用；②新增公司自愿解散情形下继续存续的规定；③明确董事为清算义务人；④确立清算组成员的忠实勤勉义务；⑤新增简易注销制度；⑥新增强制注销制度。因此，在接下来的强制清算中清算人制度引用的法条使用2023年《公司法》的相关规定。

经过对我国强制清算中清算人制度的立法梳理，不难看出，我国强制清算中清算人制度经历了从无到有的过程。在未制定《公司法》之前，公司清算制度散见于各类法规之中。1993年《公司法》中最早规定了强制清算制度，随之，《公司法司法解释二》和《清算纪要》进一步对强制清算中清算人制度进行完善。《公司法司法解释二》和《清算纪要》对于推动强制清算制度的发展有其重要的意义。但其中存在的问题也显而易见。首先，强制清算程序较为复杂，而对其进行规制的法条数目寥寥可数。其次，在很长一段时间，有些学者将强制清算等同于域外的特别清算，并没有弄清楚强制清算的法律定位。这延缓了强制清算相应程序的完善，如清算人的相关规定，域外有“特别清算人”的称谓，而我国却没有“强制清算人”的称谓，这也是我国强制清算中清算人制度不完善的表现。

第三节　我国强制清算的司法困境

一、公司强制清算制度适用困境的成因分析

（一）从我国公司制度的建立过程来看

我国公司制度作为“舶来品”更多地体现出国家强制的色彩，特别是在公司退出市场机制上，长期以来存在弱化公司自治，强调登记机关对公司退市的监管和处罚的情形[①]。而在实践中，行政机关对被吊销营业执照后未经清算的公司和股东的监管和处罚相对较轻，无法起到震慑和促进股东履行清算义务的作用。

（二）从我国公司形态及治理结构角度考察

我国家族企业的历史渊源致使不少公司徒具公司形式，法人独立性欠缺，公司缺乏内部风险控制机制。企业管理与家庭管理混合又导致企业法人人格的混同，在诉讼过程中呈现出非典型化公司诉讼的特征。这一方面导致股东事实上无法享受到公司有限责任的保护，另一方面股东、

①任容庆．论公司强制清算制度的完善[J]．现代管理科学，2018（11）：118-120.

实际控制人也自然缺乏履行清算义务的意识和动力，致使债权人一般不会选择启动成本相对较高的公司强制清算程序。而一旦进入公司清算程序，需要解决的也不仅是公司如何规范退出的问题，还需对以往公司行为一一进行盘点，易形成诉讼传导现象，导致清算效率低下，清算制度的价值功能无法显现。

（三）从公司清算的制度功能来看

当前，由于社会诚信体系尚未完全建立，清算民事责任尚未明确规范，在强调公司有限责任和独立法人人格的同时，清算制度在实际运作中异化为股东逃避债务、占有公司财产现象，体现出制度应有功能与运作实际的脱节。在债权人申请公司强制清算时，不少公司存在故意不参加年检，任由登记机关吊销执照的现象，从而达到逃废债务的目的，也有股东为了占有公司财产恶意阻挠，不配合清算工作，导致清算事务难以有效进行；在股东申请公司强制清算时，公司僵局突出，如何调和股东矛盾、平衡股东利益成为难题。上述情形白白消耗大量司法资源，最终仍无法实现清算目的，大大降低了当事人对清算制度和司法公正效率的期望，当事人即使付出高昂代价也可能无法实现申请目的，从而不敢轻易提出清算申请，法院则囿于审理中存在的种种技术障碍往往不轻易启动清算程序。

二、公司强制清算困境的具体表现

（一）清算人法律地位不明确

现行《公司法》并没有对清算人的法律地位问题进行明确的表述，因此对清算人的法律属性问题，不论在理论界还是在实务界都存在颇多争议。理论界关于清算人的法律地位争议主要体现在三个不同的学说，由此引发对清算人法律地位的思考。由于理论上没有确定应采取哪种学说，由此导致实务中清算人与清算公司中原有董事会在职权划分出现严重问题，影响清算的正常进行。

正如前文所述，理论上对于清算人的法律地位主要有三种学说，即独立清算法人说、代表机构说和法定临时执行机构说。长期以来，这三种学说各有各的支持者，使清算人的法律地位在理论上难以形成统一的意见，不能认清清算人的本质问题。

理论上关于清算人法律地位不同学说的争议，在司法实践中体现在清算人与董事会的职权划分上。《公司法》的第二百三十四条规定了清算人清理公司债权债务、处理清算公司剩余财产等七种职权："清算组在清算期间行使下列职权：（一）清理公司财产，分别编制资产负债表和财产清单；（二）通知、公告债权人；（三）处理与清算有关的公司未了结的业务；（四）清缴所欠税款以及清算过程中产生的税款；（五）清理债权、债务；（六）分配公司清偿债务后的剩余财产；（七）代表公司参与民事诉讼活动。"该法条采用的是完全列举的形式，也就是说清算人在执行清算事务中，只能行使以上七种职权，七种职权之外的权力还应当由公司原有的董事会行使。但是在公司管理过程中的职权行使，并不像法条规定的那样泾渭分明，往往存在着多种职权的相互交叉，此时便很难区分公司的具体事务是否属于法律规定的七种职权。这可能会导致清算公司中存在着清算人和董事会两个权力机构同时对同一公司事务行使职权，不仅严重降低了清算效率，也增加了清算成本。公司自行清算时清算人的组成往往便是公司的董事会，而公司强制清算中董事会并不必然成为清算人，因此上述情况在强制清算中更为常见。在强制清算中如果法院指定的清算人完全是由律师事务所、会计师事务所等专业机构组成，那么当其与清算公司的董事会职权发生冲突时，清算事务将会更加难以开展。

（二）清算人的指定程序太过于简单

强制清算程序中，法院的介入程度很低，主要是由清算人完成公司的清算工作，因此清算人在强制清算程序中的地位十分重要。强制清算程序能否顺利地完成，在很大程度上取决于是否有合适的清算人，这便需要有系统而完善的清算人指定程序。但是《公司法》和《公司法司法解释二》中都没有对强制清算中清算人的指定程序作出具体的规定，《公司法》第二百三十二条规定了法定清算人的组成，《公司法司法解释二》第八条规定了强制清算中法院指定清算人的范围，《清算纪要》的第二十二、二十三条细化了《公司法司法解释二》关于强制清算中指定清算人相关规定。但是这些关于清算人指定程序的相关规定十分零散，导致司法实践的适用困难。清算人的指定程序主要包括了清算人的选任程序和解任程序，从选任程序和解任程序分析清算人指定程序存在的问题，有助于将复杂问题简单化。

1.清算人的选任程序

应明确选定清算人、法定清算人和指定清算人并不是非此即彼的关系，这三类清算人在实践中存在一定的顺序。一般先由选定清算人和法定清算人对公司进行清算，当其清算不能时，才由指定清算人进行清算。根据立法规定，在强制清算程序中，法院主要在公司内部人员和公司外部人员中指定清算人对公司进行清算，此种规定导致了在强制清算中清算人的组成可能有三种模式：第一种是仅由公司内部人员即公司股东、董事、监事、高级管理人员担任公司的法定清算人；第二种是仅由公司外部人员即社会中介机构或专业人员担任公司的法定清算人；第三种是公司内部人员和公司外部人员共同担任公司的法定清算人。《清算纪要》中明确了法院应优先从公司股东、董事、监事、高级管理人员中指定清算人，但是法条表述为“可以”而非“应当”。此外，《清算纪要》仅是一个规范性的法律文件，其法律位阶低于《公司法司法解释二》，无权对《公司法司法解释二》进行修改。

大多数公司由于不可调和的内部原因，不能产生合适的清算人，导致自行清算不能，才会进入强制清算程序。而法条关于强制清算程序中清算人产生的规定十分简单，并不能有效地解决上述问题。公司内部存在严重的问题时，法院如何指定清算人使清算工作顺利进行便是一大难题，引入专业机构进入清算人队伍，虽然有助于提高清算效率，但是当公司内部存在严重问题时，再引入公司外部人员进入清算人队伍，是否会影响清算工作的正常开展呢？答案是肯定的。这样立法的初衷是为了维护公司的自治性，想尽可能地体现司法权对私权的尊重，毕竟强制清算不同于破产清算，在强制清算中，公司还拥有一定的自治权。但是顾此失彼，法条简单的规定，也导致了上述弊端。如何使清算工作顺利开展的重任便落在了法院身上，法条没有规定法院指定上述人员的具体程序，更多的是依赖于法院的自由裁量。这便进一步增加了不确定因素。

2. 清算人的解任程序

清算人的解任程序与清算人的选任程序同等重要，完备的清算人指定程序能为法院在司法实践中提供操作指南。《公司法司法解释二》第九条规定：“人民法院指定的清算组成员在有下列情形之一的，人民法院可以根据债权人、公司股东、董事或其他利害关系人的申请，或者依职权更换清算组成员：（一）有违反法律、行政法规的行为；（二）丧失执业能力或民事行为能力；（三）有严重损害公司或债权人利益的行为。”

公司法规关于清算人解任程序的立法主要存在以下三方面不足。一是从法条的规定中可以看出，规定采用的是完全列举的立法模式，此种规定太过于狭窄，并且法条中也没有列明清算人损害公司中小股东的情形，现实生活中这种情形不胜枚举。二是该法条仅适用于强制清算，但是从清算公司、债权人、中小股东的利益出发，该种规定应该也理应适用于公司自行清算。三是申请法院更换清算人的主体为公司债权人、股东和法院，法院依据债权人、股东的申请或依职权更换清算人。但在司法实践中，法院一般不会依职权主动更换清算人，将申请更换清算人的权利仅赋予债权人和股东，不能满足实际需要。公司清算过程中涉及的利害关系人很多，如公司的职工、税务机关等，他们的利益同样需要保障。

（三）清算人责任规定不明确

清算人责任缺乏明确规定，主要体现在两个方面：一方面，长期以来，理论界和实务界都没有严格区分清算人与清算义务人的概念；另一方面，清算人责任制度本身存在缺陷。相关清算立法中并没有出现“清算人”一词，法条中也习惯使用“清算组”替代“清算人”。清算人与清算义务人的权利、义务、责任在法条中都有相应的规定。但是，概念的混淆必将导致对两者的权利、义务、责任的混淆，何况两者在司法实践中常常出现耦合的情形，便进一步导致了司法适用的困难。

我国现行法律规范中，清算人的责任主要在《公司法》和《公司法司法解释二》中有规定。《公司法》第二百三十八条规定：“清算组成员怠于履行清算职责，给公司造成损失的，应当承担赔偿责任；因故意或者重大过失给债权人造成损失的，应当承担赔偿责任。”《公司法司法解释二》第十五条规定：“执行未经确认的清算方案给公司或者债权人造成损失，公司、股东或者债权人主张清算组成员承担赔偿责任的，人民法院应依法予以支持。”第二十三条规定：“清算组成员从事清算事务时，违反法律、行政法规或者公司章程给公司或者债权人造成损失，公司或者债权人主张其承担赔偿责任的，人民法院应依法予以支持。”但上述规定太过于原则，并不能应付实践中多变的情形。

通过对上述三个法条的解读，关于清算人责任规定的不足主要体现在五个方面。第一，法条适用不明确。上述三个关于清算人责任的法条，有的规范的是自行清算中的清算人，有的规范的是强制清算中的清算人，实践中这些法条是否可以混用，存在疑问。第二，我国公司立法中，仅规定了清算人给公司和债权人造成损失应当承担损害赔偿责任，而股东只能提起股东代表诉讼。该规定将公司的利益等同于股东的利益。但事实上，在清算中公司的利益并不能完全代表股东的利益，尤其是中小股东的利益。因此，笔者认为，应当在法条中明确清算人造成股东利益损害时，也应当承担赔偿责任，股东可以直接要求清算人承担相应责任，而无须通过股东代表诉讼的方式。第三，清算人责任承担的方式不明确。清算人在清算过程中，因其违法清算行为造成公司、股东或债权人损失，清算人之间是承担按份责任还是承担连带责任，法律并未予以明确。第四，清算人承担赔偿责任的范围未规定。当清算人造成损失，清算人是否应当赔偿、以什么限度进行赔偿、如何赔偿等问题都没有相应的规定。第五，公司法规中缺乏对清算人免责事由的相关规定。免责事由是清算人是否承担责任的重要规定，而法律没有对清算人的免责事由进行相关规定。

（四）清算人的监督机制不健全

任何一套制度的实施，都需辅以相应的监督机制，才能使该制度发挥其最大的效用。然而，在强制清算制度的实施过程中，却缺乏系统的监督机制，导致清算过程随意性大。在破产清算中，破产管理人的清算行为全程在法院和债权人的监督下实施，而在强制清算中缺乏法院和债权人的有效监督，导致制定清算人的职权远远大于破产管理人的职权。

公司自行清算过程中，并不存在导致清算难以进行的事由，并且清算决议是由股东会或股东大会资本多数决表决通过，股东（大）会便能起到监督的作用。自行清算很少存在损害第三方的情形，因此清算中缺乏监督债权人、法院的监督并不会导致太大的问题。然而在强制清算中，清算的阻力大，多方利益彼此冲突，法院却不对其清算行为进行合理有效的监督。这使得强制清算行为往往只由清算人说了算，这极易导致清算人滥用职权，转移财产，出现徇私舞弊的情形，将会给债权人和公司股东造成重大损失。强制清算中，法院不愿对指定清算人的行为实施过多的干预与监督，主要有两方面的原因。一是在破产清算中，公司已完全丧失自治性，由破产管理人对其进行清算，法院必须对破产管理人的清算行为进行监督。而在强制清算中，公司仍具有一定的自治性。法院指定清算人后，便由清算人对公司进行清算，法院碍于公司的自治性，不再过问公司清算事务。二是《公司法》关于强制清算的具体程序、法院的监督职责规定的原则，法院在案件审理中缺乏可行的规范，导致法院要么是不接受强制清算案件的申请，要么是受理强制清算案件后不进行有效的监督。

强制清算中并没有规定债权人会议制度，清算人的清算行为侵犯了债权人的利益，债权人只能事后通过法院维护自身权益，而缺乏一个有效的事前、事中的监督机制。

第四节 对强制清算中清算人制度的合理构建

一、明确清算人的法律地位

理论上，关于清算人法律地位的三种学说，这里主要是偏向法定临时执行机构说的观点。该学说一方面能解决指定清算人的法律定位问题，不会出现不同类型清算人适用不同学说的情况；另一方面使得清算人在强制清算过程中具有相对独立且中立的地位，能更有效地平衡公司、债权人、股东三方的利益。

司法实践中，强制清算程序启动后，将会产生公司原有董事会和清算人之间的权利冲突。笔者认为，该冲突的处理方法十分简单，当公司处于强制解散阶段，一旦法院指定了清算人后，公司原有的董事会便立即解散，由法院指定的清算人处理与公司有关的一切事务，无论该事务是否与公司清算有无关系。当公司处于强制解散阶段，说明公司原有的董事会之间的矛盾已经难以调和，若让董事会继续存在，只会阻挠清算活动的正常开展。因此，解散公司董事会，能够简单有效地解决实践中出现的问题，从而保证公司清算顺利进行，更好地保障债权人和股东的利益。

二、完善清算人指定程序

清算人的指定程序包括了清算人的选任程序和解任程序，完善措施也是分别从选任程序和解任程序来展开论述。

（一）清算人选任制度构建

在公司清算过程中，清算人是最为重要的主体，其职责是专门维护债权人、公司、股东的利益。因此，清算人选任制度的完善对健全公司清算制度有着举足轻重的作用。强制清算中法院指定清算人仅是清算人选任制度其中的一个环节，为了公司、股东、债权人的利益，不能仅局限于强制清算中法院指定清算人制度的完善，还应当关注公司自行清算中选定清算人、法定清算人的环节①。自行清算比强制清算更节省时间、金钱、人力和司法成本，因此，公司能够进行自行清算是最好的结果。在这一节中，笔者并不仅局限于强制清算中指定清算人制度如何完善，而是宏观地看待整个清算人选任制度的构建。

我国应当健全以“选定清算人—法定清算人—指定清算人”为顺序的清算人选任制度结构，完善清算人的选任制度，应从上述的三个层次进行完善。

首先，相关法律规定应该重视选任清算人这一环节。整个清算人选任制度中最基础的便是选定清算人环节，选定清算人包括了章定清算人和议定清算人，但无论是章定清算人还是议定清算人，都是公司股东自由意志的体现。公司章程或股东会决议中关于清算人的约定，能为清算人享有权利承担义务提供依据。因而，选定清算人制度最能彰显公司的自治性，也最能体现股东的合意。这种合意能有效地预防公司股东和董事之间的清算纠纷，保证公司清算顺利进行。此时，也不必担心公司中小股东权利损害的情形，《公司法》中关于股东会决议损害股东利益规定了相应的救济方式。选任清算人在清算人制度中有重要地位，现行立法应给予选任清算人足够的重视，司法机关应鼓励公司进行自行清算。

①魏树发. 公司清算义务人法律问题研究[D]. 兰州：兰州大学，2022.

其次，完善法定清算人的相关规定。法定清算人在公司法中有相应的规定，一般认为，有限责任公司的股东、股份有限公司的董事和股东是法定清算人。法定清算人中存在着两个问题。一是股东能否成为公司的法定清算人。有观点认为，股东担任公司的法定清算人缺乏理论基础，股东担任法定清算人会损害债权人的利益。也有学者认为，股东可以担任公司的法定清算人。股东担任法定清算人，一方面有利于清算方案的顺利执行；另一方面，债权人的债权一般能够得到清偿，若出现损害其利益的情形，债权人可向法院寻求救济。二是有限责任公司中股东作为法定清算人如何确定。笔者认为，有限责任公司的法定清算人可不由全体股东组成。有限责任公司的清算人应通过资本多数决定方式确定，虽然此种方式不能满足小股东的意愿，但股东参加清算是行使公司管理权，此权利属于共益权，共益权行使的首要目的是追求公司的利益，而股东只能间接获取其利益。怎样保护未能参加清算的股东的权利？第一，股东可参加股东会对清算方案进行表决；第二，股东对清算过程可行使知情权；第三，清算行为侵害股东的权利，股东有权要求追回财产并主张其承担赔偿责任。如果要求有限责任公司的法定清算人由全体股东共同组成，若股东之间的矛盾较小，则为了达成一个全体股东一致同意的清算决议，将会花费较长时间，延误公司清算程序的进行；若股东之间的矛盾较大，就算花了大量时间也难以达成一个全体股东一致同意的清算决议，将会导致公司出现僵局的情形，损害公司债权人、股东利益。

最后，强制清算中指定清算人的指定范围规定较为妥当，但是缺乏具体的指定程序。依据《清算纪要》的规定，法院在公司股东、董事、监事、高级管理人员、社会中介机构与专业人员中指定清算人。一些学者为了使清算工作能够顺利进行，建议强制清算中清算人应当由中介机构担任，完全排除了公司内部人员担任清算人的资格。由中介机构进行清算，一方面，中介机构的专业化能实现清算人职业化需求；另一方面，由于中介机构的独立性，能够更有利于权衡公司股东、债权人、职工之间的权益，能有效促使清算工作顺利进行。但中介机构一般收费标准较高，并且一般最了解公司的还是公司的内部人员，因此若完全由中介机构担任清算人，是不经济也是不效率的体现。通过上述分析，无论公司法规规定清算人是由全部中介机构构成，还是由公司内部人员与中介机构构成，都存在各自的不足之处，因此立法是对上述情况博弈的结果。

现行立法的规定有其实用合理之处，但还是应当注意以下两点。第一，在自行清算转为强制清算后，对原清算人成员是否具有担任强制清算中清算人的条件和清算人在自行清算期间的工作履行情况应当进行严格审查，在自行清算中符合清算的相关规定，应当让其继续担任清算人成员；而对于违反清算程序、私吞公司财产、损害公司利益的清算人，法院应当免去其继续担任清算人的资格，并追究其相应的民事赔偿责任。第二，应当完善法院指定社会中介机构担任清算人的程序。法院指定社会机构担任清算人应坚持随机选任为主、竞争选任为辅的原则。在公司法相关立法中，并没有规定社会中介机构的选任方式，而是在与破产有关的立法中有所规定。在破产法中，法院指定管理人的方式有四种：直接选任、随机选任、竞争选任和推荐选任。强制清算案件可以参照破产法中关于管理人的规定，对于大多数强制清算案件而言，随机选任中介机构是一种比较公平的选任方式。法院置备具备清算经验的中介机构名册，每次从名册中挑选出七至八家中介机构以供抽签。同时允许有能力履行清算职责的中介机构进入名册的范围，同时也要保证名册中的中介机构参与抽签机会平等。还应当注意，名册中存在的中介机构若丧失了其相应的资质，则应及时剔除名单。相比之下，针对一些专业性强、法律关系复杂的强制清算案件，可以采用竞争选任方式确定中介机构为清算人。法院先公布对中介机构的相应要求，再由中介机构进行投标，对强制清算案件作出清算方案、给出清算报价，最后再由法院对其进行评判、选择性价比最高的中介机构。通过此种方式，能降低清算成本，使强制清算更加专业化。

（二）清算人解任程序的完善

我国现行公司法规对于清算人解任制度的规定尚有待完善，法条对强制清算中指定清算人的解任程序有相应的规定，但公司法规中并没有规定自行清算中清算人的解任程序。有些清算人在清算过程中已不再具有清算资质，却仍然能够继续处理公司清算事务，左右清算的进程，正是缺乏关于清算人解任程序的相关规定，才导致上述问题，损害公司、股东、债权人的利益。笔者认为，清算人的解任制度应当从以下几个方面进行完善。第一，清算人的解任制度应当与其选任制度相适应，即在自行清算中，有限责任公司的股东会、股份有限公司的股东大会只能就法定清算人、选定清算人通过普通决议的方式解任。而在强制清算中，法院指定的清算人不能通过股东（大）会决议的方式解任。法院有权解任指定清算人，当然也有权对法定清算人和选定清算人作出解任决定。股东（大）会对于是否解除清算人职务有异议的，应当交由法院权衡利弊。这样，既建立了完善的准入制度，也制定了系统的退出制度，有效保证利害关系人的权益不受侵害。第二，在《公司法司法解释二》中，以列举的方式规定了清算人解任的三种情形。清算人的解任情形以完全列举的形式加以规定，并不能完全概括清算人解任的事由。故法条应当增加一条兜底性的条款，以此囊括清算人解任的其他事由。第三，该法条中明文规定该条文仅适用于强制清算中的指定清算人。应当扩大此条文的适用范围，针对公司自行清算中的清算人也能适用。第四，扩大申请法院更换清算人的主体范围，与公司清算有利害关系的相关人员都可以申请法院解任清算人。法条将申请主体仅限于债权人与股东，范围有过窄之嫌。公司清算也涉及公司职工、税务机关等主体的利益，当这部分利害关系人的权利遭受侵害时，理应赋予其相应的救济权利。此外，为了使监事会更好地行使其监督职责，也应当赋予其有权向法院申请更换清算人的权利。

三、健全清算人的责任机制

（一）区分清算人与清算义务人

为何两者会出现混淆？主要是大部分学者并未将公司的清算过程区分为两个阶段来看待，第一个阶段主要是由清算义务人组织启动清算程序，第二个阶段是由清算人组织清算。此外，法定清算人由有限责任公司的股东会或股份有限公司的股东会、董事会选定的人员担任，清算义务人由有限责任公司股东或股份有限公司股东、控股股东和实际控制人担任，由此可见，清算义务人与法定清算人的主体容易重合，便更难区分这两个概念。两者概念的混用，也必将导致对其责任的混用。因而，对两者概念进行区分的最终目的是正确适用关于两者的责任规定。我国现行公司法规中，对两者的责任规定几乎类似，损害公司或债权人利益时，应承担赔偿责任。由此可见，关于清算人和清算义务人的责任规定都尚需完善。清算义务人制度是清算人制度的前置程序，区分清算人与清算义务人、建立更加完善的清算义务人责任制度，能使清算立法尽早形成“事前—事中—事后”三位一体的完整体系，清算工作也能更加有序进行。

（二）清算人责任制度的完善

1.规范责任承担方式

首先，应当明确清算人对其侵害公司财产的行为，应承担侵害财产权的侵权责任。有观点认为，对于清算人侵害公司财产的行为，应当追究清算人的违约责任。笔者不赞同此种观点。之所以认为清算人构成违约责任，是将清算人视为公司的代理人，清算人的法律地位中采取了代表机构说。如前文所述，强制清算中的清算人与公司之间并不存在代理关系，清算人只是公司清算过程中的一个执行机构。当清算人实施损害利害关系人的清算行为，造成公司利害关系人的利益损失，应当承担侵权责任。

其次，清算人承担侵权责任应满足以下四个构成要件：第一，清算人对其侵害公司财产的行为具有故意或重大过失；第二，清算人实施了恶意处置、非法占有、私自变卖公司财产等违法清算的行为；第三，清算公司的财产不当减少；第四，公司财产的不当减少与清算人的违法清算行为之间存在因果关系。

最后，清算人应当承担连带赔偿责任。清算人承担赔偿责任应分为两种情形，即清算方案的表决过程中和清算方案的执行过程中。在清算方案的表决过程中，清算人的法律地位类似于公司正常经营期间的董事会，因此，对于清算人责任的承担可以参照适用《公司法》第一百二十五条关于董事对董事会决议承担责任的规定："董事会的决议违反法律、行政法规或者公司章程、股东大会决议，给公司造成严重损失的，参与决议的董事对公司负赔偿责任；经证明在表决时曾表明异议并记载于会议记录的，该董事可以免除责任。"在强制清算程序中，清算人执行清算事务，通常会经过制定清算决议、法院确认清算方案、清算人实施具体方案等一系列程序。若该清算决议未经法院确认，清算人便擅自实施，则侵害了公司、股东、债权人的利益；若该清算决议本身即具有违法性，则参与清算决议的清算人应当对公司、股东、债权人承担连带赔偿责任。承担连带责任的理论基础在于清算人的违法清算行为构成共同侵权。若该行为只是单个清算人的行为，便根据过错责任原则，由该清算人向公司、股东、债权人承担损害赔偿责任。在清算方案的执行过程中，若清算人违反清算方案，违法清算损害利害关系人的利益，则实施违法清算的清算人应当承担连带赔偿责任。若清算人和公司监事会、第三人恶意串通损害利害关系人的利益，则清算人和公司监事会、第三人理应承担连带赔偿责任。

2. 明确赔偿范围

清算人的违法清算是针对公司财产权实施的行为，因而清算人承担的赔偿责任主要是指财产损害赔偿责任，民商法中损害赔偿责任的侧重点在于填补被害人的损失。清算人违法清算损害公司、债权人和股东的利益，不能要求清算人对利害关系人遭受的损失承担全部清偿责任，应当综合考虑利害关系人的损失和清算人的过错程度向清算人主张相应的赔偿责任。利害关系人能举证证明清算人造成损失的具体数额，利害关系人的主张通常会得到法院的支持；当利害关系人不能举证证明清算人造成的损失，则可以参照《民法典》的相关规定。此外，之所以考虑清算人的过错程度，是因为清算人承担赔偿责任是以过错原则为法理基础的，清算人承担损害赔偿的范围应当在其过错的范围内。

3. 明确免责事由

公司法规并没有清算人免责事由的相关规定，免责事由主要从三方面进行分析。第一，从清算人承担赔偿责任的构成要件中可以看出，清算人只有在故意或者重大过失的情况下，才会承担赔偿责任。相反，清算人合法清算或因为一般过失造成利害关系人的利益损失，清算人不承担赔偿责任。如何判断清算人的清算行为是否属于过错，关键在于清算人是否符合善良管理人的标准。清算人通常是由董事、股东和专业机构构成，正因为其专业性强，过错的标准就不能限制得太低。第二，在清算方案表决过程中，参照适用《公司法》第一百二十五条的规定（经证明在表决时曾表明异议并记载于会议记录的，该董事可以免除责任），清算人成员对违法事项表示异议或者缺席表决，该清算人成员可以免除其赔偿责任。第三，在清算方案执行过程中，清算方案被法院确认后执行，该清算方案损害了公司、债权人、股东的权益，清算人并没有出现违法清算的行为，则全体清算人都可以免责。此外，清算人不能因其被免除职务而对其行为期间的清算事务免责，若清算人对其解任前的清算行为不承担责任，清算人会利用此机会在清算过程中徇私舞弊，将会给公司、债权人、股东造成难以弥补的损失。

四、完善清算人的监督机制

（一）加强公司内部机构监督

相较于来自公司外部的监督，公司内部的监督往往更迅速高效。在强制清算过程中，虽然公司原有的董事会被解散，由指定清算人行使其相应的职权，但是公司原有的监事会并没有被解散。公司进入强制清算程序，若公司原有的监事会可以继续运作，监事会便应当继续行使其职权，对清算人的清算过程实施监督。但在公司实际运行中，监事会的地位远不及董事会，在清算中这种情况也不会有所改善。因此应当适当强化监事会的职权，公司法规应当赋予监事会有权向法院申请更换清算人的权利。通过强化监事会职权，从而强化公司内部对清算人的监督。此外，监事会履行其监督职责时，应支付其相应的报酬。为了激励监事会实施有效监督，监事会在清算期间所获得的报酬应等同于公司正常经营时其应获得的报酬。

（二）构建债权人会议

境外特别清算制度中对债权人会议的召集、召集程序、表决程序、决议通过形式都有所规定。我国的公司清算制度中缺乏对债权人会议制度的相关规定，法条中也未出现“债权人会议”的字眼。这主要有两方面的原因。一方面是因为我国的强制清算制度仅20多年的历史，全国的法院受理强制清算的案件数量也屈指可数，实践中几乎很少适用强制清算制度，导致立法进程十分缓慢。另一方面是因为《企业破产法》中已经构建了债权人会议制度，若在强制清算制度中再规定债权人会议，将导致重复立法。因此，《清算纪要》第三十九条规定：“公司法、公司法司法解释二，以及本会议纪要未涉及的情形，如清算中公司的有关人员未妥善保管其占有和管理的财产、印章和账簿、文书资料，清算组未及时接管清算中公司的财产、印章和账簿、文书，清算中公司拒不向人民法院提交或者提交不真实的财产状况说明、债务清册、债权清册、有关财务会计报告以及职工工资的支付情况和社会保险费用的缴纳情况，清算中公司拒不向清算组移交财产、印章和账簿、文书等资料，或伪造、销毁有关财产证据材料而使财产状况不明，股东未缴足出资、抽逃出资，以及公司董事、监事、高级管理人员非法侵占公司财产等，可参照企业破产法及其司法解释的有关规定处理。”应当在强制清算中规定债权人会议，一是因为《清算纪要》列举了数种可以参照适用破产法的情形，但并不能明确得知债权人会议是否也可参照《企业破产法》的规定，此外，对于如何参照适用，也没有具体的标准；二是因为我国强制清算中明确清算方案要经全体债权人确认，但是如何经全体债权人确认却没有规定。构建完善的债权人会议，不仅可以解决清算方案的确认程序，还可以让债权人通过债权人会议对清算过程实施有效监督，及时阻止清算人违法清算的行为。债权人在权利受损前即可寻求权利救济，节约其主张债权、要求赔偿的时间成本。

债权人会议的召集。债权人会议不同于清算人，并非强制清算程序中的常设机构，因此只有在清算中出现重大事由时才能召集。重大事由是指清算人对清算公司的财产进行重大处分，可能影响债权的实现。此外，债权人自行召集存在一定的难度，应由清算人进行召集。清算人至迟于会议召开前两周发布会议通知，该通知应当明确会议召开的时间、地点和讨论事项。

会议参加人员。对会议的参加人不应设置过多的限制，只要与清算公司存在实体利益的，都有权利参加债权人会议。因此，不论债权是否有担保，不论债权是否需要申报，不论债权是否到期，债权人都可以参加，积极表达自己的利益诉求，维护自身的合法利益。

债权人会议的职责。一般来讲，债权人会议主要有以下两项职责：第一，对自己的权利进行处分，如通过清算方案、决定清算人的清算行为是否合法等；第二，对清算人的清算工作进行监督，如了解清算程序的进程、查阅相关清算材料等。

债权人会议的表决方式。我国公司法规中明确了表决方式：全体债权人一致通过。笔者认为，一致通过的方式会大大降低债务清偿协议的通过概率，严重影响强制清算的效率。应对该规定进行修改，可采用双重表决方式，具体的操作过程可以参照适用《企业破产法》第六十四条的相关规定："债权人会议的决议，由出席会议的有表决权的债权人过半数通过，并且其所代表的债权额占无财产担保债权总额的二分之一以上。但是，本法另有规定的除外。"

（三）加强法院的监督职能

《清算纪要》关于法院的职能有所涉及，在司法实践中法院审理具体强制清算案件，《清算纪要》能起到参照作用。但法院的监督权仍需进一步完善，现行立法中关于法院职权的规定可以从以下几点进行完善。

其一，强化法院财产保全的权力。《清算纪要》中赋予了法院在强制清算中可以依申请或依职权对清算公司的财产保全，这里所提到的财产保全与一般的财产保全的程序大致相同，但是应当明确申请人申请法院财产保全，不需要申请人提供财产担保。因为强制清算程序中保全措施是为了保证清算顺利进行，从而维护公司股东和债权人的合法利益，而并非为了其中某个利益。

其二，法院应定期了解清算工作的进展情况。法院可以通过公司的监事会、强制清算中的指定清算人或自行了解公司的清算情况。清算人是强制清算中的具体清算事务的执行人，法院应当定期了解其清算工作的进展情况。

其三，赋予法院重大事务许可执行权。强制清算中指定清算人分配公司剩余财产、代表公司提起财产诉讼、订立和解合同、签订免除第三人债务的合同等重大民事行为。若情形紧迫，来不及召开债权人会议，法院则有权允许清算人实施上述行为。原则上上述的重大行为应当由债权人会议决定，但是在情况紧急的状况下，法院应当有权许可清算人执行上述事务。但应明确仅在情况紧急的条件下，法院才有此项权利。这种做法是基于清算效率的考虑。

第二章　公司强制清算的程序

第一节　启动强制清算的预审查

当法院要求对公司强制清算，且公司股东向法院递交材料后，应由法院审查是否符合条件进入强制清算程序，该审查阶段统称为预审查阶段。因为清算案件的专业性和特殊性，该预审查阶段不适合由法院的立案庭独立完成，而是应该经过法院立案之后，由专门的审判庭通过公司股东向法院递交的材料进行审查和裁定，最终决定是否进行强制清算。强制清算案件主要包括两点：申请主体一定得符合条件；必须符合法律规定的启动原因。只有两方面的条件全部具备，法院才能启动强制清算，才能立案，由专门的审判庭通过公司股东向法院递交的材料进行审查和裁定。在预审查过程中应该根据规定召开听证会，听证会中除了申请人与被申请人参加外，被申请人的股东也应当参加，其在强制清算预审查中的身份为利害关系人，利害关系人同申请人与被申请人一样可以就上述两个实质要件发表自己的意见和观点。

一、申请主体

按照我国目前的公司法规的规定，能提出对公司强制清算的主体只能是公司的股东或者公司的债权人这两个之一，并且只有在公司的债权人不提出强制清算的申请时，公司的股东才能提出这样的申请。公司的债权人凭借他的债权和对公司剩余资产的分配权利这些方面成为公司利益的主体方，因而有权提出强制清算的申请[①]。进行强制清算的前提条件就是对主体进行审查，而对主体进行审查也就是间接地对申请审查的申请人的审查。对申请审查的公司的股东和公司的债权人审查的内容并不相同：当申请方是公司的股东时，主要是查询公司的股东身份是否真实，且有没有公司的债权人已经提出了这样的强制清算申请；当申请方是公司的债权人时，主要是查询公司的债权人是否对公司享有合法真实的债权。

（一）债权人申请——债权人资格审查

1.赋予债权人提起强制清算申请权利的必要性

公司的债权人有权利对公司提出强制清算是保护债权人实现债权的最后一道屏障。有限责任情况下的股东，当在公司的资本或者运营方面没有什么问题，由于其他原因公司经营失败或者解体时，客观上来讲公司运营风险产生的债务主要应该由公司的债权人来承担，而公司的股东不需要承担任何责任。公司破产或者解散后，通过法院清算程序过程对公司的财产进行合理分配，所以清算程序和公司的债权人之间往往有直接的利害关系。公司自行清算中的权利往往由股东进行支配，因此给予公司的债权人提出强制清算申请的权利，主要是为了拯救公司债权人在整个清算过程中的弱势地位。当强制清算义务人在解散后拖延不组织清算组进行清算，或者清算组的清算行为拖延、违反有关法律规定，导致债权人无法通过清算实现自己的权利，严重损害了公司债权人的权益，债权人可以通过法院强制清算的程序维护自己的合法权益。

①黄玉英. 公司清算义务人主体范围研究[D]. 长沙：湖南大学，2017.

2.强制清算程序中债权人资格审查标准

对于债权人资格的审查，主要审查的是债权债务关系的存在，即申请人要证明自己为被申请人的债权人。实践中出现了各种类型的情况，申请人为了证明自己的债权人身份提交了各种证明债权债务关系存在的证据，例如借款合同等，要求法院确认其债权人的身份后受理强制清算的申请。此时要解决的问题是法院是否要先依据申请人提供的证据来确认基础债权债务关系的存在，如果要审查，那强制清算的预审查程序中其实包含了确认债权债务关系的一系列实体纠纷，有可能是合同之诉，也有可能是侵权之诉等。笔者认为，不适宜在强制清算的预审查阶段审理如此多不同类型的实体纠纷，按照《清算纪要》的内容，强制清算程序必须由法院参与，由专门的审判庭进行审理。从这点上来说强制清算案件并非严格意义上的诉讼案件，与诉讼案件的审理程序上有一定的不同，并且体现了相对较强的专业性，因此由专门的业务庭和合议庭进行审理。在现行法院内部的分工下，倡导的是不同类型案件的专业化审理，把包含各种不同案由的案件全部汇入公司强制清算程序中一并进行审理，并不符合现行专业化审理的思路，也会让强制清算案件成为一个包罗万象的复合类型案件，无法体现其专业性和独立性，也不利于强制清算程序的开展。

但是如果不审查债权债务关系的存在，如何核实申请人的债权人身份呢？按照《清算纪要》内容规定，如果公司本身对提出强制清算的申请人有什么异议或者不满的话，法院可以对该申请不进行受理。问题是如果被申请公司不提出异议，在证据存疑，又没有有效法律文书确认的情况下，法院是否就能一律认定申请人的债权人身份？笔者认为不能够，因为目前条件下的强制清算程序只能审判一次，可见强制清算可谓一审终审，并无其他救济程序可以采用，一旦在强制清算程序中对债权人的资格确定有误是无法逆转的。因此即便被申请人不提出异议，也不能就一律认定申请人的债权人身份，因为也不排除代表公司参加强制清算程序的主体与申请人存在恶意串通的情形等。因此笔者认为，如果申请人在债权人身份还未得以确认的前提下就向法院以债权人身份提起强制清算申请，法院应当向其释明其应当通过诉讼或者仲裁等途径在确认了债权人身份后再向法院提起强制清算申请，若申请人执意提出的情况下，法院将裁定不予受理其强制清算申请。

（二）股东申请——股东资格审查

1.股东强制清算申请权利的必要性

《公司法司法解释二》中将公司强制清算的主体扩大至公司股东，但是为了与《公司法》精神相一致，同时避免司法资源浪费，规定只有在公司债权人不申请的前提下股东才能进行申请。给予公司股东强制清算申请权利十分必要，因为股东是公司利益的直接主体。实践中，多为大股东掌握公司经营管理，公司解散后，小股东盼望通过清算对公司资产、财务等情况加以核查，如果因为大股东的控制使清算无法正常开展将会严重侵害小股东的利益。因此对股东申请强制清算的申请权利必须给予保护。

2.强制清算中对股东进行资格审查的标准

在股东提出申请后，法院要对申请人的股东资格进行审查。股东资格来源于公司设立过程中的出资行为和公司成立后的股权转让行为。同债权人的申请一样，申请人提供自身的股东材料，如果被申请的一方有异议的话，法院可以不予受理。笔者认为，该条的规定并不完善，股东资格的认定并不仅取决于被申请公司的态度，关键在于被申请公司股东的态度，因为被申请公司的股东一般在预审查阶段作为利害关系人参加预审查的听证程序，因此该规定应该改为被申请人或者利害关系人有异议的，法院不应该受理强制清算程序的相关申请。

对股东资格进行审查，根据《公司法》的规定，公司章程、股东名册和其他各种证明书或者股东合法权利的证据等都是法院在股东资格确认纠纷中判断是否为股东的依据。上面提到的这些都是证明股东的实际权利的实质要件和形式要件，实质要件和形式要件对于股东资格确认都有一定的证明力，但在一般的股东资格确认纠纷中，这些标准要综合考虑，根据案件实际情况来采纳认定。一般发生在公司内部的股东资格确认，即股东之间或者股东与公司之间因股东资格发生争议，实质要件的证明力一般大于形式要件；而发生在公司对外的纠纷中，形式要件的证明力大于实质要件，因为形式要件在一定程度上有一定的公示公信力，公司外部人员在对公司内部情况不清楚的情况下，有权依据形式要件登记的情况相信对方的股东资格。但是上面阐述的股东资格确认纠纷的裁判规则主要适用于股东资格确认纠纷的实体诉讼中，关于强制清算的预审查阶段中确认股东资格是否完全依照上述标准进行实体判断，笔者认为可以适当参照，但因强制清算程序的特殊性应该略有变通。因为清算程序制度本身的目的不是解决公司内部或者外部的实体纠纷，而是公司解散后对公司的清盘程序。笔者将以实践中出现的问题来一一说明在强制清算中股东资格认定应把握的方向和原则。

实践中面临的现实问题是，如果被申请人、利害关系人对申请人的股东身份不提出异议，申请人要提供哪些证据才能证明自己的股东身份。笔者认为，该种情况与一般的股东资格确认纠纷略有不同，应当分情况予以考虑。若被申请人及利害关系人未对申请人的股东资格提出异议，申请人也能提交工商登记、公司章程等材料证明自己的股东资格，那法院应当认定申请人有权提出强制清算申请。因为工商登记具有公示公信力，并且没有相反证据来推翻申请人的股东身份。即便在实践中出现了申请人有抽逃出资或者未缴纳出资的情况，依然可以要求其返还或者缴纳，但并不影响其股东资格。

3.隐名股东提出强制清算请求的问题

如果在工商登记、公司章程中并无申请人作为股东的记载，申请人证明自己为隐名股东，虽然被申请人对申请人的股东资格并未提出异议，但这种情况下隐名股东是否具有申请强制清算的资格是司法实践中争议较大的一个问题。在我国现有的公司法规及相关司法解释中并未明确规定隐名股东这一主体身份。在《最高人民法院关于适用〈中华人民共和国公司法〉若干问题的规定（三）》（以下简称《公司法司法解释三》）中只出现过实际出资人相关条文规定。隐名股东虽然是给公司进行投资的真正一方，但是其在各个实质文件和形式文件中并未出现，全是记录的他人的显名股东。《公司法司法解释三》第二十五条的规定，确认了实际出资人与名义出资人股权代持合同的效力，但同时也规定了实际出资人要经过其他股东半数以上同意，才能将自己的股东资格记载于公司章程、股东名册并办理工商变更登记。有观点认为，隐名股东不应当视为股东，法律上应当只将显名股东视为股东，在这种情况下如果承认隐名股东而否定显名股东的话，可能会影响公司股东大会的效力。笔者认为，在强制清算的预审查阶段认定股东资格不同于一般的诉讼案件中认定股东资格。一般的诉讼案件中出现了因隐名股东引发的股东资格确认，笔者认为，要遵循内外有别的原则。当然针对隐名股东和显名股东的身份，如果存在争议的话，可以根据当事人的意愿或者进行协商解决，比如以股权代持协议来认定隐名股东的身份，可能整个过程会涉及第三人的利益，这种情况就需要考虑到公示公信的原则，优先保护相信公示结果的善意第三人的利益。但是在强制清算的预审查中，鉴于隐名股东的股东资格确认本身的复杂性，并且《公司法司法解释三》中也对由隐变显规定了特殊的条件，隐名股东是否享有股权仍然需要通过诉讼程序予以确认和变更，故笔者建议还是由法院出面对申请人解释说明，应该通过别的方式对该股东的真实身份进行确定或审查，进而再申请是否强制清算。如果在这样的条件下该申请人依然坚持申请强制清算的，法院应当裁定不予受理。

4.利害关系人否认自己的股东资格

一般情况下在强制清算的预审查阶段应当通知被申请人的股东作为利害关系人参加审查程序，作为股东的利害关系人可以发表自己的观点和主张。在股东申请强制清算的情形下，近年来出现的新情况是，虽然申请人的股东身份得以确认，但是作为利害关系人的股东提出自己不是被申请人的股东。该种情况的出现是因为无论是公司的债权人还是公司的股东申请强制清算，法院都不能或者完全清算的，只能最终选择裁定强制清算的情况。公司的债权人在这种情况下是可以要求公司的股东对公司的债务进行偿还的，而公司的股东同样也有权利要求实际控制该公司的主体方要求其承担偿还义务，所以有的股东基于上述规定，会在强制清算中提出自己不是股东的主张。笔者认为，针对该种情况的处理，如果利害关系人在预审查阶段提出自己不是股东，法院应当向其释明其可以另行以诉讼等其他方式予以解决；如果该利害关系人表示要另行诉讼或者仲裁解决，法院应当向其释明在合理期限内行使其权利，若利害关系人拖延行使权利，强制清算的预审查将无法继续进行，而若利害关系人在法院给出的合理期限内不行使相应权利，法院将按照工商登记注册为准认定其为被申请人的股东。如果利害关系人在合理期限内行使权利，例如向法院起诉确认自己不是被申请人的股东，那受理强制清算申请的法院应当等待该诉讼的裁判生效后再继续进行预审查程序，因为只有被申请人的股东身份确定后才能开展后面的预审查程序及强制清算程序。

（三）其他申请人

我国现行法律中强制清算启动的主体范围过于狭窄，存在立法上的缺陷，不利于保护利益相关方，无法从根本上实现法律制度构建的价值和意义。

各国在类似强制清算的程序中申请人的范围都较为广泛。例如，《日本公司法》规定，债权人、清算人或者股东可提出特别清算开始的申请。笔者建议借鉴日本公司立法的规定，适当扩大申请人的范围，除股东、债权人外考虑将清算义务人、公司监事、职工、税务机关等直接利害关系人作为强制清算之申请人。

股权质押权人是否可以提出强制解散申请？笔者认为，需要具体情况具体分析。股权质押又称股权质权，是指出质人以其所拥有的股权作为质押标的物而设立的质押。股权质押属于权利质押的一种。因设立股权质押而使债权人取得对质押股权的担保物权，为股权质押。当强制清算启动事由出现而债务履行期届满，股权质押权人可以放弃担保物权以债权人名义申请强制清算；也可以与出质人协议以股权折价，当股权质押权人成为公司股东后，以股东的名义申请强制清算程序；当然其也可以选择依法拍卖、变卖股权，以实现其债权，就债务清偿不足部分，其还可以依据相关法律以债权人的名义提起强制清算申请。当强制清算启动事由出现而债务履行期限未届满，股权质押权人则不可申请强制清算，如有权利人申请强制清算程序并被法院依法受理的，其债权可以被视为已到期而可以申报债权。

股权信托权人一般是不可以直接提出强制解散申请的。股权作为财产权的一种，可以成为信托财产。基本的股权信托关系主要有两种：一种是股权管理信托，即委托人把自己合法拥有的公司股权转移给受托人管理和处分；另一种是股权投资信托，即委托人先把自己合法拥有的资金信托给受托人，然后由受托人使用信托资金投资公司股权并进行管理和处分。无论是股权管理信托还是股权投资信托，股权信托权人都不是公司股东，因此其不可以直接提出强制清算申请。股权信托权人只有基于委托关系，以股权信托受托人名义提出强制清算申请。

二、主管与管辖

（一）主管

主管是指法院审判法律规定范围内民事纠纷的权限，即确定法院与其他国家机关、社会团体解决民事纠纷的分工。关于强制清算程序的主管机关，1993年《公司法》规定主管机关应当组织股东、有关机关及专业人员成立清算组外，还应当确认清算方案和清算报告。2005年《公司法》将由主管机关确认清算方案和清算报告的权力，都明确规定为人民法院的权力。依照我国现行法律规定，强制清算案件统一由人民法院主管。

英国作为英美法系国家的代表，将公司清算分为自愿清算与强制清算。强制清算又称作法院清算，是法院依债务人、全体董事、一个或者多个债权人、股东、已经处于自愿清算中的公司官方接管人、国务大臣的申请作出清算命令而进行的清算。各个法院设有由国务大臣任命并在其指导下行事的破产事务官。如果法院决定公司进入清算，那么破产事务官自动转为公司的清算人。如果公司有剩余财产可以分配，那么通常任命专业的清算人，以取代破产事务官。代表债权总额四分之一以上的债权人可以要求破产事务官召集债权人会议和连带责任人会议任命清算人，或者破产事务官可以自己召集这些会议，或者也可以要求国务大臣任命清算人。同时，清算人可以决定是否设立一个清算委员会，其主要工作是协助和监督清算人履行职务。

日本法律体系中的强制清算制度则是法院以主导者的身份介入公司清算的一种特殊程序，强调法院的干涉和债权人的监督。

（二）管辖

公司强制清算的对象必须是依据《公司法》和《中华人民共和国公司登记管理条例》登记注册的公司法人。《公司法司法解释二》第二十四条就强制清算案件的地域管辖及级别管辖进行了规定。公司强制清算案件由公司主要办事机构所在地人民法院管辖，公司办事机构所在地不明确的，由其注册地人民法院管辖。强制清算案件的级别管辖则按照公司登记机关的级别确定管辖强制清算案件的法院，即基层法院管辖县级以下公司登记机关核准登记的公司；中级人民法院管辖地区、地级市以上的登记机关核准登记的公司。

为了便于人民法院就近审理，同时出于排除地方干扰干预的考虑，《清算纪要》在《公司法司法解释二》基础上就案件级别管辖上的指定管辖及上下级法院之间的管辖转移问题作出了补充规定，具有一定的灵活性。

一是便于当事人参与、便利法院审理。例如，很大一部分外商投资企业由地区、地级市以上的登记机关核准登记，如果公司强制清算案件一律按照登记机关的级别确定级别管辖，中级人民法院将受理很多外商投资企业的强制清算案件，包括受理由强制清算案件而引发的衍生诉讼。由于强制清算程序的事务性强，涉及当事人众多，非常不方便当事人参与，也不方便法院审理，因此上级法院可以根据各自情况，将部分案件指定下级法院审理，既方便了当事人，又减轻了中级人民法院的审判压力。

二是发挥上级法院统一协调优势。由于部分企业规模较大，涉及利益关系复杂，清算工作需要协调很多外部的因素，如清算过程中的税务问题、土地使用权问题、职工劳动关系问题、供水供电问题，基层法院往往面临着协调层级较高机关的问题。因此，基层法院在特殊情况下可以将此类案件移送上级法院管辖，有利于上级法院统一协调在清算中涉及跨区域的、综合性的问题。

三是抵御地方干预。地方保护主义在少数地区、少数案件中仍十分严重。为了保证强制清算程序的顺利进行，各地法院可依据《清算纪要》的规定，将案件移送上级法院管辖。

三、启动事由的审查与受理

（一）强制清算的启动事由

《公司法》仅将“公司解散逾期不成立清算组进行清算的”作为强制清算的启动事由，强制清算的启动事由规定相对笼统且范围较狭窄。《公司法司法解释二》第七条扩大了强制清算启动事由的范围。目前依据我国现行法律，启动强制清算的事由包括三种：公司解散逾期不成立清算组进行清算；虽然成立清算组但故意拖延清算；违法清算可能严重损害债权人或者股东利益。

1.公司解散预期不成立清算组进行清算

此处的逾期是指在解散事由出现之日起15日内不成立清算组清算的。《公司法》中对公司解散规定的解散事由是：整个公司的经营年限达到了营业期限，或者是该公司内部出现了其他问题等需要解散的事由；公司依法召开股东会按照法定的表决方式表决同意公司解散；公司需要进行合并或者单独分离出来的时候需要解散；由于公司出现问题行政机关需要吊销执照的情况；公司经营出现问题或者困难，继续下去可能会损害股东的合法权益和利益等，经公司股东代表进行表决需要解散的。在出现上述公司解散事由时，按照现行法律规定，除了因为公司合并或者分立的情况外，别的情况都应该在出现的当天算起十五日内进行组织清算，超过十五日即为逾期，权利人有权申请强制清算。

2.虽然成立清算组但故意拖延清算

关于何为“故意”，法院有着较大的自由裁量权。在《民法典》的规定中对清算组故意拖延清算的行为也作出了明确的规定。对于该种情况下能否视为故意，有观点认为此处法条中所规定的故意更多地不应侧重于行为人的主观心态，因为主观心态很难举证证明，更多的应是侧重于损害的客观存在。同时该观点认为，应当将法条中规定的“故意”删去，并明确成立清算组但拖延清算的具体情形。笔者认为，理解“故意”首先要把握好司法介入公司自行清算从而主导强制清算应当遵循的原则。按照公司自治原则，公司自己组织合理和有效的清算小组，对公司内部进行清算的行为也是一种自治行为的具体体现。该过程中法院不应当过于积极干涉其中，或是过多适用强制清算程序，即便是当事人申请强制清算。在该种情况下，法院要做的是尽量促成公司自行清算的完成，除非是在自行清算的过程中遭受了巨大的阻力或者无法进行下去的情况，才能根据具体情况向法院提出申请，要求进行强制清算，否则法院不予理会。该种方式在一定程度上不仅节约了司法资源，同时作为申请人、被申请人、利害关系人而言也节省了开支，因为一旦进入强制清算程序，法院指定中介机构作为清算组，支付给清算组的费用也随之产生，强制清算对申请人、被申请人、利害关系人而言并非最经济、最高效的一种清算方式。因此笔者主张法院对于自行清算不宜轻易干涉，只能有条件地适度干预。至于上述有观点提出的要将拖延清算的具体情形具体规定，实践中法院确实有这样的规定。笔者认为，作出这样的具体规定后，判断是否属于故意拖延确实会有一个相对明确的标准，但是由于被申请人情况的多样化，如此具体的规定并不一定客观准确，这样的规定可以作为一定的参考标准，但是如果完全机械适用还是会导致法院不科学、不适度干预公司自行清算。所以笔者建议拖延情形不宜规定得过于具体、死板，在尊重公司自治的基础上可以适当允许法院对是否拖延有一定的自由裁量权。

3.违法清算可能严重损害债权人或者股东利益

《公司法》明确规定了清算组的职权以及清算组成员的义务与责任，《公司法司法解释二》第二十三条明确规定了清算成员在整个清算行为的过程当中，如果存在违反法律法规的行为的话，严重的情况可能损害了公司的股东或者公司债权人的合法权益，相关权利人有权提起诉讼要求其承担损害赔偿责任。笔者在此处要强调的是，法条中明确规定的是严重损害，若并非严重损害的情况下并不倡导结束自行清算转由强制清算，在轻微损害的情况下并不倡导草率结束自行清算转为强制清算。其实在有轻微损害的情况下，权利人也可以按照《公司法司法解释二》第二十三条的规定进行救济。

（二）审查

在法院收到申请人提交的材料后，法院应当对该强制清算的申请进行审查以决定是否受理。目前，法院对于强制清算案件，实行立审分立的模式，即由立案庭负责形式审查、业务庭负责实质审查的模式。公司强制清算案件属于非诉案件，需要在立案时审查很多实体法律问题，对于法官的专业知识要求很高，为保证立案审查的质量，而规定由业务庭负责实质审查。按照《清算纪要》第九条的规定，审理强制清算的审判庭在审查决定是否受理强制清算申请时，可以采取召开听证会审查和书面审查两种形式，并明确了两种审查方式的条件和要求。

1. 召开听证会审查

《清算纪要》增加了听证制度的规则，第一次明确规定了人民法院在对强制清算申请进行审查时，应当以召开听证会审查为原则、以书面审查为例外的原则。听证式审查程序与规则的设定，在实践中更接近于诉讼开庭模式，有双方当事人的陈述、调查、质证等环节，有助于提高强制清算审查的水平。同时，对于比较复杂的案件，召开听证会很有必要。一方面，可以防止申请人滥诉，维护股东的合法权益；另一方面，有助于各方权利人陈述意见，有助于法院查明公司真实情况。

按照我国现行法律，在强制清算程序中，法院决定召开听证会的，应当于听证会召开5日前通知申请人、被申请人，并送达相关申请材料。《清算纪要》贯彻了保护公司股东等利害关系人的宗旨，赋予了股东、实际控制人等利害关系人申请参加听证的权利。因补充证据等原因需要再次召开听证会的，应在补充期限届满后10日内进行。

依照《清算纪要》的规定，在听证会中，法院应当组织有关利害关系人对申请人是否具备申请资格、被申请人是否已经发生解散事由、强制清算申请是否符合法律规定等内容进行听证。听证虽然被引入强制清算申请审查的实践，但在实际操作中对于听证会的参加人、听证会的内容和具体程序、听证期限等都缺乏相应的规定，而由人民法院自由裁量，缺乏相应的监督和责任追究机制，极易使听证程序流于形式。笔者建议听证会的程序设计具体如下。

（1）听证会的参加人员

听证会可由合议庭委托主审法官主持，由下列人员参加：①申请人；②被申请人的股东、法定代表人、财务人员及职工代表；③被申请人自行成立的清算组成员；④法院认为应当参加听证会的其他人员。

由于股东等利害关系人有权申请参加听证，因此法院应在听证会召开12日前通知股东等利害关系人，并给予其7日的答复期限，让申请参加听证会的利害关系人送达相关申请材料。这是因为强制清算的结果与股东、实际控制人等利害关系人紧密相关，同时公司股东熟悉公司情况，有利于法院查明公司的真实状况，有利于强制清算程序的开展。

（2）听证会的具体程序

第一，申请人宣读申请书，陈述申请公司强制清算的事实和理由，并出示相关证据。

第二，被申请人的法定代表人或代理人简要陈述公司性质、注册情况、生产经营状况、资产及负债情况等，同时有权对申请人的申请提出抗辩并出示相关证据。

第三，听证程序审查应对提交的清算申请书及相关证据材料进行全面审查。核实如下情况：审查收到强制清算申请的法院是否具有管辖权；审查申请人和被申请人主体资格；审查强制清算申请的事由是否成立，具体包括审查申请人和被申请人提交的证据材料，并对申请人是否对被申请人享有债权或股权，被申请人是否已解散，被申请人是否曾自行成立清算组进行清算，被申请人自行清算有无拖延或损害股东或债权人利益，被申请人的资产负债情况、现有财产状况、债权债务情况、对外担保情况、职工情况、涉及诉讼仲裁执行等情况进行调查；还须审查被申请强制清算的公司是否达到破产界限。

第四，法院认为应当调查的其他事项。

2. 书面审查

《清算纪要》第九条规定了强制清算书面审查的方式。但缺陷是未明确哪些属于事实清楚、法律关系明确、证据确实充分案件的范畴。笔者认为，目前比较可行的方式是通过司法解释加以明确。

法院在进行书面审查时，同样应当听取双方当事人意见。《清算纪要》第二十一条赋予被申请人异议权这项重要的权益，目的是通过给予被申请人司法救济途径，保障被申请人公司及股东的合法权益，也同时防止申请人滥诉损害公司股东的利益。按照现行法律规定，法院应当向被申请人送达申请书及证据材料时，同时告知被申请人7日内提出书面异议的权利。一旦被申请人依法定程序提出异议，则法院应当召开听证会。

启动公司强制清算程序前，在书面审查的过程中，被申请人异议是一个前置程序，给予被申请人行使异议权的机会。一方面，由于被申请人是强制清算法律关系中的重要主体，与强制清算有着直接的利害关系，法律应当赋予被申请人平等主张权利的机会；另一方面，由于被申请人对公司的情况比较了解，异议调查有利于对相关材料进行甄别，有利于厘清事实和明晰法律关系，抑制申请人滥用申请权侵害被申请人的合法权益，也有利于节约有限的司法资源。在法院对申请进行审查的过程中，为了避免受理强制清算对被申请人产生危害，被申请人有权就强制清算的启动事由等质疑。如果省略这一必经程序，实际是对被申请人异议权利的剥夺。

公司强制清算制度构建的目的是通过建立正义的程序，公平地清偿公司债务，分配公司剩余资产，最终维护股东的投资收益权。异议权的行使主体可以是公司，也可以是清算组。当公司解散后已成立清算组的，其债权债务关系已由清算组清理，清算组最清楚公司的具体情况及清算工作的进展，在此情况下，真正行使异议权的主体应是清算组。

（三）受理

法院受理强制清算申请即意味着强制清算程序的启动，但法院经审查发现强制清算申请不符合法律规定的，则裁定驳回强制清算申请。依据对强制清算申请的审查方式的不同，《清算纪要》分别确定两种受理期限的起算时间：采取听证审查方式的，法院应当在听证会召开之日起10日内决定是否受理强制清算申请；采取书面审查方式的，法院应当自异议期满之日起10日内决定是否受理强制清算申请。

1.申请撤回

受理公司强制清算申请前，申请人请求撤回其申请的，法院应予准许。但如果在法院受理申请提出强制清算申请后，能否撤回强制清算申请，应分不同情形区别对待。

（1）原则上应予准许

公司自愿解散的，法院受理强制清算申请后，清算组对股东进行剩余财产分配前，申请人以公司修改章程或者股东（大）会决议公司继续存续为由，请求撤回强制清算申请的，法院应予准许。

（2）行政处罚及解散判决不予撤回

公司因依法被吊销营业执照、法院判决等被强制解散的，在法院受理强制清算申请后，申请人向法院申请撤回的，法院应不予准许。

（3）法定例外情形下准许撤回

申请人有证据证明强制解散的事由消失或者达成和解的，即相关行政决定被撤销或者法院作出解散公司判决后当事人又达成公司存续和解协议的，法院可以准许申请人撤回强制清算申请。

2.被申请人异议另案诉讼

按照我国现行法律规定，除非有生效法律文书予以确认或者有明确、充分的证据证明，被申请人对申请人是否享有债权或者股权，对被申请人是否发生解散事由提出异议的，原则上应当另案解决。

强制清算案件作为一种程序制度属于非诉案件，适用特别程序。特别程序审理的案件不是解决民事权利义务争议，而是确认某种法律事实是否存在，确认某种权利的实际状况。如对申请人的主体资格存疑或者对强制清算程序的启动事由存在争议，申请人将无法行使强制清算的申请权。在受理清算申请之前，只有适用诉讼程序对所异议的股权、债权实体纠纷进行审理而形成的裁判，才能在强制清算程序中作为依据被引用，从而保障清算结果的公正性。将解决争议的诉讼程序与确认“某种法律事实是否存在，以及确认某种权利的实际状况”的非诉程序分离的原则，是国际通行的立法体例和司法惯例。参照我国最类似的企业破产法的程序实践，我国对强制清算受理申请前发生有关争议的解决途径和处理办法也采用该模式。

3. 隐名股东的主体资格

对于隐名股东是否可以申请公司强制清算是司法实践中的一个重要问题。如隐名股东不能提供公司股东名册记载其为股东等证据材料的，则隐名出资人是否享有股权仍须通过诉讼程序予以确认或者变更。隐名股东应当在提出强制清算申请之前取得已有生效法律文书予以明确，故被申请人对其股权提出异议时，法院应裁定不予受理，并告知申请人另行诉讼或者通过其他途径确认其股东身份后再行申请强制清算。

4. 明确公司启动强制清算程序的法律后果

在法院明确公司强制清算案件受理后，将产生如下法律效果：第一，公司破产、强制执行等程序申请开始的禁止和已经开始程序的中止；第二，担保实行程序的中止；第三，抵消的禁止。我国现行法律尚未规定，笔者建议须在今后的司法解释中予以完善。

四、预审查期限与现行立案登记制的矛盾

按照《最高人民法院关于人民法院登记立案若干问题的规定》，法院应当在申请人向立案部门递交申请七日内决定立案。很明显，如果按照该规定，那么法院审查是否受理强制清算案件的时间应该是七天。但是我们将预审查阶段法院所要审查内容和审查程序做一个梳理，法院在审查是否受理强制清算案件中一般应当召开听证会，召开听证会需要送达申请人、被申请人以及利害关系人即被申请的各位股东；召开听证会后合议庭进行合议，在召开听证会后的十日内作出是否受理的裁定，然后

再送达当事人。综观整个过程，显然不是在七天内能够完成的内容，因此强制清算案件的预审查与一般诉讼案件的立案审查期限性质上并不相同。所审查的内容与所经程序也并不相同。笔者建议，应当在相关司法解释中明确强制清算案件不受立案登记制的限制，不论从强制清算案件的性质上看还是从现行各级法院的做法来看，强制清算案件的预审查期限不宜规定如此短暂的期限。现行关于公司强制清算方面的法律规定也并未对该期限作出限制，现行实践中的做法是无审限限制，但是笔者还是建议，为了提高强制清算预审查的效率，比照一审案件规定六个月的审理期限相对合理，遇到延长审限或者扣除审限的情形可以比照一审案件审限予以扣除和延长。

第二节　清算组的选任和报酬

清算组作为清算程序中最重要的机构，在清算法律关系中处于核心地位，其对于整个清算程序能否公正、公平、高效地顺利进行和终结起着至关重要的作用。各国立法都对此高度重视，因为公司一旦进入清算程序，清算组就成为股东、债权人与被解散公司之间的纽带，维护清算公司及其股东的利益，保障公司债权人的合法权益不受损害，而且法律赋予清算人接管、清理、处分清算公司财产的重要职权。对清算组应以什么身份执行清算事务以及如何参与清算有关的法律关系和实施诉讼行为，在法律上应明确规定。

一、清算组的选任

（一）清算组成员的选任标准

我国公司法规及相关司法解释并没有详细规定清算组成员的条件和范围，只规定了公司股东、董事、监事、高级管理人员可以担任；一些中介机构比如律师事务所、会计师事务所、破产清算事务所等，以及其中具备相关专业知识并取得执业资格的人员也可以被选任清算组成员，但是上述中介机构必须载入破产管理人名册中[①]。法律法规并未对上述主体成为清算组成员的选任作出详细规定，但是具体的规定应该符合法律的规定。

大陆法系国家在法理上主张立法和行政权力不应过分干预股东意思自治，而给予股东以选择权，按照股东的合意选择清算人处理清算事务。在清算人的选任上具有一定的顺序，一般以选定清算人、法定清算人、指定清算人的顺序来确定人选。如《法国民法典》法案中就对清算人的选定方式作出了明确的规定：清算人可以按照章程的规定程序进行选定，但是如果公司的章程没有对清算人作出具体规定的话，可以通过公司的全体股东出面进行投票决定；如果公司的股东也不能对其进行任命的情况时，就应该直接由法律机构进行判决并任命清算人。《法国商事公司法》规定了在有限公司自愿解散的情况下清算人由占资本多数的股东任命，股份有限公司的清算人由股东大会任命；如果公司的股东不能对清算人任命或者股东之间存在严重异议的情况下，应该直接移交司法机构，由其直接对清算人进行任命；如果司法机构直接宣布该公司解散的话，其必须宣判一名或者数名清算人。《韩国商法典》中规定在公司解散情况下，由董事直接担任清算人，但也对不同的具体情况进行了规定：如果公司的章程中规定了其他清算人或者股东大会选举产生的情况时，清算人的任命方式就随之改变；除去这些情况，清算人的任命都应该由法院进行裁决。比较我国关于清算组成员选任的规定与国外规定，可以发现我国在选任清算组成员的规定中并未明确先后顺序，并未规定法院在选任清算成员时应当首先考虑股东、董事的意思。而国外的规定大多是明确了选任的先后顺序，其尊重股东意思自治。国外的做法是否值得借鉴，能否适应现行我国的司法现状呢？笔者认为，在选任清算组成员时首先考虑股东、董事的意思会带来的问题有以下几点。

①李新一．公司强制清算程序与破产重整衔接的司法适用[J]．法制博览，2019（30）：152-153.

第一，如果章程中并未明确规定清算成员，要由股东或者股东选任的人员组成。如果要由股东来选任，势必通过股东大会来选任，如果大股东在表决权上占有绝对优势，后果是清算组成员是大股东意思的体现。由大股东选任的清算组成员在清算过程中是否能公平公正履行自己的职责存在很大问题。法院虽然对清算组履行职责的情况有监督权，但是这种情况其实加重了法院的监督职责和义务。法院为了防止大股东选任的清算组成员在履行职责的过程中不损害其他中小股东的利益，要付出巨大的时间和精力，此时与法院在履行清算组的职责并无太大区别。因此，这在现行司法资源紧缺、法院案多人少的情况下并不科学、现实。

第二，如果要按照股东或者董事的意愿来选任清算组成员，那么清算组成员的组成可能会较为复杂，有可能一部分成员代表部分股东或者董事的意愿，另一部分成员则代表了另一部分股东或者董事的意愿。结果是清算组成员内部意见分歧严重，严重影响清算组推进清算工作。同时，法院在监督和管理上也较为困难。所以基于以上原因笔者并不建议照搬国外的做法，但是是否股东或者董事的意愿就应该完全被忽略呢？笔者认为，完全抛开股东或者董事的意愿也并不符合公司自治的原则，因为股东、董事、监事、高管本身对公司事务较为熟悉，在其要求成为清算组成员的情况下，法院只要审核其能否胜任清算组的工作并且不会阻碍清算进程即可。但是是否清算组成员由股东、董事、监事、高管组成就能有效推动强制清算工作的开展呢？笔者认为不能，因为如果能有效开展，那上述人员完全可以自行清算，不再需要向法院申请强制清算。因此，法院在选任清算组成员时必须考虑清算工作的专业性，选任一定的中介机构或者具备专业知识并取得执业资格的人员，这样才能既有利于法院的监督管理，又有利于清算工作的有序开展。

（二）选任中介机构作为清算组

根据《企业破产法》及《关于审理企业破产案件指定管理人的规定》（以下简称《指定管理人的规定》），法院指定管理人的方式主要有四种：

直接选任、随机选任、竞争选任、推荐选任。从司法现状来看，选任个人担任清算组的非常少见，选任中介机构作为清算组已经成为常态。其实笔者认为，个人担任清算组时确实会担心其履职能力的问题，但是从现行司法实践中强制清算的实际工作来看，对于很多清算工作任务少特别是既无财务账册也无财产的无法清算案件，让个人担任清算组更有利于节省清算费用，对申请人、被申请人、利害关系人而言都是开支的节省。由于实践中选任中介机构担任清算组的情况较多，故笔者认为非常有必要探讨中介机构的选任方式。

1. 直接选任

在破产程序中，按照法律规定，可以将破产受理之前的清算组直接指定为破产程序中的管理人，该种方式被称为直接指定。同样，在强制清算程序中，如果现行的自行清算中公司已经委托中介机构做清算工作，此时要看该中介机构是否在当地编制的破产管理人名册中。如果该中介机构在编制的破产管理人名册中，且该中介机构在清算过程中并无违反法律法规或者阻碍清算工作开展的行为，笔者建议法院可以考虑直接指定原来的中介机构作为强制清算的清算组，因为原来的中介机构更加熟悉被申请人的情况，有助于清算工作的开展。

2. 随机选任

对于大多数强拆案件而言，随机选任中介机构是一种相对公平的选任方式。一些国家（地区）在指定管理人时，是由管理人协会（如法国、美国）或律师协会、会计师协会（如澳大利亚）向法院提交管理人名册，由法院从中指定管理人。管理人的具体指定方式有所区别，有的是由法院直接从具备适当资格的人员名单中自行选择，有的采取按照名单顺序轮候等方式选任。笔者认为，上述做法最大的优点是由行业自律组织对进入名册的机构和个人把关，保证进入名册机构和人员的履职能力，以保证破产程序或者强制清算程序的有效开展。

我国现阶段随机选任方式唯一有明确法规参照适用的是《指定管理人的规定》第二十条。例如，云南省高级人民法院破产管理人名册中在昆明市辖区范围内的破产管理人共有64家，如果每一个强制清算案件的每一次抽签都要通知64家机构，那么法院的工作任务是巨大的。再加上云南省的破产管理人名册为2007年制定，到现在为止名册上有的中介机构是否还存续不得而知，或者通信、地址等早已变更无法联系，要法院逐个通知其实并不现实。若采取摇号的方式也存在同样的问题，摇号后产生的中介机构是否存续或者即便存续其是否还有能力完成强制清算工作也是问题，并且其是否愿意接受清算工作不得而知。确实，要解决以上问题，适时地更新管理人名册，并且要求名册的中介机构适时向法院报备是解决办法，但是经过笔者的调查了解，云南省某市中级人民法院的做法是，在管理人名册中选取七八家有破产管理人经验、强制清算组经验的中介机构，然后在每次随机选任时，在这七八家中介机构中进行抽签，每次抽签要请法院内部的监察部门予以现场监督，候选人在本轮被选中的不能再参加下一次的抽签和摇号。采用该种方式的优点是法院减少了通知抽签的工作量，同时在有经验的中介机构中进行抽签能保证产生的中介机构的履职能力。当然该种做法的弊端也很明显，就是不纳入抽签范围名册中的其他中介机构没有机会承接强制清算组的工作。所以笔者建议采用该种方式的同时，经过审理强制清算案件合议庭的审查应当允许名册中有能力履行清算职责的中介机构加入抽签范围中来，既要考虑到法院工作能顺利高效开展，也要保证名册中的中介机构的参与机会平等，同时还要考虑到产生的中介机构有能力履行职责。也有观点会认为法院的该种做法存在一定的问题，既然是列入管理人名册的中介机构就代表是有履职能力的，就没有再筛选抽签的必要。但是这种观点值得商榷，目前我国的管理人制度处于建设初期，立法没有对管理人设置专门的执业资格，没有实行管理人资格的考试和资格考核、认证制度，没有成立管理人的行业自律组织，也没有设置其行政管理部门，而法院接到申请后要尽快选任，时间短暂来不及仔细挑选或者考核，所以笔者认为上述法院的做法在有所完善后值得沿用。

3.竞争选任

根据《指定管理人的规定》第二十一条，竞争指定管理人主要适用的是两类案件：①商业银行或者其他金融机构的破产案件；②全国范围内法律关系复杂及其债务人财产比较分散的案件等。这两类案件因其复杂、多变性，对管理人的专业素质、沟通协调能力要求较高，竞争选任能产生综合实力较强的管理人，顺利推动破产程序的进行。选任清算组可借鉴指定管理人的该种方式，但是笔者认为此处应该着重探讨该种竞争方式如何竞争，并且案件类型也并不限制在上述案件类型范围之内。关于竞争方式，笔者认为，可以借鉴深圳市中级人民法院的做法，采取公告邀请加招投标方式。第一，在公告中，法院应当将破产案件的规模、大致概况、对管理人的总体要求予以阐述，以使名册中的中介机构能够根据自身条件决定是否参加该案的竞争，避免盲目。只是笔者建议对于破产案件的主要情况需要保密的，应当将案件情况分别交流，并且与前来竞争的所有管理人签订保密协议，一旦泄露秘密信息应当承担相应责任。第二，由在当地管理人名册的3家以上的中介机构进行投标，具体的投标方式为针对强制清算案件出方案、出报价，由法院进行评判，择优选任。第三，参照竞争指定管理人的做法，采取竞争方式选任中介机构的，由法院组成专门的评审委员会进行评审，只有经评审委员会成员二分之一以上通过的才能选任。在决定中介机构人选时，要综合考虑各方面的因素，如从事破产管理人或者强制清算组的经验、中介机构的人员配备以及其收费多少等。第四，采取竞争方式选任清算组的，法院应当确定一两个备选中介机构，作为需要更换清算组时的接替人选。

4.推荐选任

如果严格按照《清算纪要》的规定，在强制清算的案件中涉及两笔费用，一笔是申请费，向法院缴纳；另一笔是清算组报酬，向清算组支付。申请费用的计算以强制清算过程中清算出的财产总额为基数计算，参照破产企业的申请费收取，由此所带来的问题是：在清算案件中如果财务账册灭失无法清算，被申请人也查找不出财产的，如何计算申请费用呢？从笔者的调查了解来看，关于申请费用，云南省现在的做法一般是等清算出财产后再计算缴纳，如果没有清算出财产，则不再支付。

（三）清算组的职权

清算组的职权是整个公司强制清算程序中最为重要的一部分。就其职权范围而言，《公司法》第二百三十四条规定了清算组的七项职权，这里重点阐述其中的四项。

1. 清理公司财产

清算事务中的主要工作就是编制资产负债表和财产清单。具体主要包括以下几点。

（1）界定公司的财产范围

一旦启动清算程序，清算人便接管被清算公司的财产，对公司财产行使管理权，未经清算组同意，任何人不得管理和处分该财产。

清算组需要界定的财产范围有：①公司经营管理的全部财产，包括公司清算时实际占有的固定资产、流动资产、无形资产和专项资产；②公司向其他企业投资所享有的股权；③公司享有的债权，包括未到期的债权；④公司享有的专利权、商标权、著作权、土地使用权等其他财产权利。

（2）接收公司财产

清算组接收的公司财产不仅包括实物财产，还有公司的财务会计报表、账册，公司文书资料，债权债务账册，证照和印章等其他财产。因为公司的这些特殊财产是清算组清理公司财产和公司债权、债务的重要依据。清算组负有对所接收公司资产的保管职责。

具体分为两个方面。①财产清理。清算组在接管公司后，要对被清算公司的财产、债权债务进行清查、核实、分类、登记。清理财产的目的是掌握公司财产的实际状况，全面了解公司的财产状况、财务情况，并为后来的财产估价、处理以及提出清算方案提供依据。在财产清理的过程中，清算组有权了解公司财产状况、债权债务情况以及业务经营管理状况。②编制资产负债表和财产清单。清算组核实公司资产后，应当编制公司资产负债表和财产清单。由于资产负债表仅反映公司总体的财务信息，无法反映公司的具体财产状况，而执行公司清算事务的依据却是公司的具体财产，所以清算组必须制作出包含各种财产信息的详尽的财产清单，从而确保清算事务的顺利进行。

（3）清理财产中的破产申请

根据《公司法》的规定，在公司强制清算程序中，如果清算组在清理公司财产、清理债权债务、编制资产负债表和财产清单后，发现公司资不抵债的，就必须立即停止清算活动并向法院申请宣告公司破产。法院受理后经审查认为公司符合破产条件的，应裁定宣告公司进入破产程序，同时确定破产管理人。此时，强制清算程序则转为破产清算程序，由破产管理人代替清算组接管公司清算事务。此外，《公司法司法解释二》进一步规定，清算组在强制清算程序中发现公司资不抵债的，可以与债权人协商债务清偿方案，全体债权人审核通过该方案且不损害其他利害关系人的，法院可以裁定予以认可。按照该清偿方案偿还债务后，清算组应当向法院申请裁定终结清算程序。如果债权人对上述方案不予确认或者法院不予认可的，清算组应当依法向法院申请宣告破产。债务清偿方案协商制度的确立，使强制清算程序更具有可操作性。

2. 了结公司业务

在清算过程中，由于公司的主体资格仍然存在，所以可能还有尚未履行完毕的合同或者尚未结束的交易，清算组在接管公司之后，应了结的公司业务包括以下两点。①停止一切经营行为，包括已经启动的经营行为和一切经营准备活动。同时，《公司法》认可清算组开展清算所需的经营活动。②了结未完业务。在理论上，对于是否履行公司清算前已经签订而至今尚未履行完毕的合同或者交易，清算组有决定权。因为公司进入强制清算程序后，有些合同已经无法履行或者实际履行对于公司来说没有任何意义，所以法律赋予清算组解除合同的权利。

3.清理债权、债务

（1）清理债权

公司进入强制清算程序后，清算组代表公司采取不同的方式向债务人收回债权。清算组需全面清理公司财产，包括有形资产和无形资产。清算组需分别编制资产负债表和财产清单，确保公司财产的准确性和完整性。

（2）清理债务

第一，通知并公告债权人。清算组应当自成立之日起十日内通知债权人，并于六十日内在报纸上公告。债权人应当自接到通知书之日起三十日内，未接到通知书的自公告之日起四十五日内，向清算组申报其债权。

第二，债权登记与确认。清算组应当对债权人申报的债权进行登记，并在确认债权的真实性、合法性后，编制债权清册。

第三，制订清算方案。清算组需制订清算方案，明确债务的清偿顺序、清偿比例等。根据《企业破产法》的规定，清偿顺序依次为：破产人所欠职工的工资等费用、破产人欠缴的社会保险费用和税款、普通破产债权。

第四，执行清算方案。清算组按照清算方案执行，确保债务的公平清偿。如果公司财产不足以清偿同一顺序的清偿要求的，按照比例分配。

4.分配公司清偿债务后的剩余财产

公司债务全部清偿完毕、债权人的债权获得全额受偿是清算组向公司股东分配剩余财产的前提条件，只有在债权人的债权全部得到满足的前提下，才能将剩余财产分配给股东。根据《公司法》第二百三十七条第二款的规定，法院受理破产申请后，清算组应当将清算事务移交给法院指定的破产管理人。

二、清算组的报酬

关于清算组的报酬什么时候支付、由谁支付也是有待解决的问题。笔者认为，要解决该问题需要程序及实体上操作得当。通过笔者对云南省审理强制清算案件清算费用支付的做法的调查了解，总结出以下做法。

第一，清算组报酬事先由申请人垫付，如果最终被申请人清算出财产，那从清算出的财产中来支付报酬；如果最终因财务账册灭失无法清算或者无法全面清算，那么由申请人垫付的，公司的债权人对其垫付之后，其有权利要求公司的股东或者公司的实际掌控人承担相应的义务；股东申请强制清算的，股东可以将垫付的费用向控股股东等实际控制公司的主体主张。

第二，在法院裁定受理前就应当向申请人释明清算组的报酬应当由其先行垫付。在指定清算组后，应当由清算组开设专门的账户来保管该笔费用，费用的支出应当保留相应的票据予以核实。如果申请人不同意垫付的，法院将不受理强制清算申请，受理后申请人不同意垫付的，法院将驳回强制清算申请。

第三，由于在指定清算组后就要由申请人垫付报酬，但是此时清算工作还没有具体开始，无法确定能清算出的财产数量，因此此时报酬只能预估，按照最后实际的开支多退少补。此时垫付的报酬要考虑到支付清算组成员的工资、清算组日常办公的开支等。按照笔者的调查了解，云南省昆明市中级人民法院受理的强制清算案件中，在资产不庞杂、清算事务不是特别繁杂的公司强清中，申请人事先垫付的清算费用为三万至五万元，当然各地根据当地的工资收入水平可以制定不同的垫付费用。

第四，清算组所支出的每一项费用都必须有据可查，清晰明了。在法院作出终结裁定时应当将清算过程中的开支明细附于裁定书之后，以便让费用的开支做到公开透明。

第三节　强制清算程序的终结

一、终结条件与事由

强制清算程序经过了启动、开展、清算组履行职责基本完毕就到了强制清算程序的终结。强制清算的终结主要是指强制清算的过程或程序已经全部完成或者由于其他原因不得不停止进行的时候，直接由法院宣判该强制清算的过程结束的情况。按照我国公司法规，清算组所制作出来的清算报告必须得到公司股东的认可或者法院的确认，整个清算过程才算终结①。按照《清算纪要》的规定，在清算组清查公司资产、核实债权债务、分配公司剩余财产后，清算组应该将最终制作出来的清算报告提交法院，在法院审查并进行确认之后，由公司的清算组申请取消该公司的登记记录之后，整个公司的清算过程终止。关于终结清算程序的事由，在理论界一般有两种情形。第一种情形是清算事务的完成。需要说明的是此处清算事务的完成不一定是非要清算出财产进行财产分配才叫完成，财务账册下落不明、公司无法核查出财产时只要经过了合法程序也叫清算事务的完成，此种情况属于无法清算案件。笔者将在下文探讨无法清算案件的终结。第二种情形是程序的转换。在强制清算程序开展中，出现资不抵债的情况需要进入破产清算程序的，终结非破产的强制清算程序，但是对何时终结并未作出规定。按照公司法规规定，公司经法院裁定宣告破产后，清算组应当将清算事务交给法院，从这可以看出应当在法院宣告公司破产后，终结原来的强制清算程序。其实笔者认为除了这两种情形外，其实还有一种情形就是上述两种情形的中间状态，详见《公司法司法解释二》的规定。

①曲梦萍．有限责任公司清算制度研究[D]．北京：北京邮电大学，2021.

二、无法清算案件终结后的处理

在公司的财产或者账册及相关人员失踪情况发生时，强制清算不能按照正常的程序进行下去的事件称为无法清算案件。对公司申请强制清算并不是公司股东或者公司债权人的最终目的，申请人的最终目的是实现自己的权益。无论是债权性质的权益还是股东性质的权益，无法清算案件终结并没有使申请人权益实现，无法清算案件终结只是为后续的权利实现奠定基础。所以，在无法清算案件中，笔者以申请人为股东为例来分析终结后的处理。法院在强制清算终结裁定过程中，显名股东有权利向公司的实际主体要求相关权利。相关法律及司法解释规定到此就没有再进一步的规定了。但是笔者认为，其中有以下内容必须明确规定，否则实践中将无法具体实行和操作。第一是关于责任的性质及承担主体，第二是关于举证责任的分担，第三是关于赔偿责任的范围。

（一）责任的性质及承担主体

《公司法》明文规定，股东滥用股东权利损害公司或者其他股东的利益应当承担相应的赔偿责任。之所以规定在无法清算案件终结后要由控股股东向其承担赔偿责任，是因为控股股东掌控整个公司运营，但其导致财务账册灭失、公司财产状况无法查清，使得公司无法清算，所以控股股东应当向申请人股东承担侵权赔偿责任。至于具体侵犯的是何种权利，笔者认为，如果公司财务账册没有灭失得以顺利清算，申请人股东是可以分配剩余财产的，所以其在一定程度上是侵犯了申请人股东的剩余财产分配权。

（二）举证责任的分担

从法理上分析，股东在无法清算后向控股股东主张权利要求其承担责任，如果股东的诉求是要求分配剩余财产，那么按照举证责任的分配，应该是原告来举证证明公司有剩余财产及剩余财产的数量。对申请人股东而言，法理上的此种分析貌似公平，实则蕴含巨大的不公平。作为申请人股东而言，一般是不掌控公司经营的中小股东，有的甚至根本不了解公司经营和财务状况，所以司法实践中基本没有申请人股东能举证证明公司有何剩余财产，也更谈不上证明剩余财产的数量。这样所带来的结果是申请人股东因承担不了举证责任而全部败诉。而作为控股股东而言，其要想逃避最终承担责任的途径非常简单，控股股东只要以财务账册灭失为借口，那其他中小股东就毫无办法维护自己的合法权益。原本强制清算后向控股股东追偿已经是中小股东维护自己权益的最后一道屏障，但是按照上述分析这最后一道保护屏障还是无法实现。究其原因，其实在于诉讼中举证责任分担的问题。控股股东对公司的财务状况最为清楚，由控股股东来举证公司的财产财务状况也最为方便。按照就近原则，此处的举证责任应当是由控股股东来承担，由控股股东来证明公司无剩余财产可供分配，否则应让控股股东承担举证不能的后果。

（三）赔偿责任的范围

在无法清算案件终结后，少数股东按照终结裁定的内容向控股股东主张权利，此处的主张权利在实践中诉讼请求呈现出多样性。除了上文提到的要求分配公司的剩余财产之外，有要求支付少数股东申请强制清算的垫付费用的，有要求控股股东赔偿其当时的出资额的，当然也有几项诉求并提的，所以对于这里所主张的权利的范围是什么、什么性质的主张可以得到支持等有待逐一分析。

1.要求控股股东赔偿原告股东的全部出资额及利息

无法清算案件中财务账册灭失，无法判断公司财务状况，但笔者认为在该种情况下要求赔偿出资额及利息的主张可以考虑得到支持。因为按照公司资本维持原则，此时只能推定公司的注册资本为剩余财产，按照出资比例进行分配是唯一的选择。可能会有观点认为该种推定毫无事实根据，并且公司的注册资本在公司运营过程中会发生增减，以注册资本作为剩余财产明显不合理。但是笔者认为，基于上述举证责任的分担，由控股股东来证明公司无剩余财产，在控股股东举证不能、申请人股东又无法举证证明公司具体剩余财产数额的情况下，只有推定。如果不进行该种推定，那么前面的举证责任分担、本身股东向控股股东追责诉讼就失去了意义，中小股东权益的保护无从落实。况且该种推定也并非无法律及法理依据，按照公司资本维持原则，公司应该保证注册资本充实，非经法定原因不能减资。如果控股股东认为申请人股东没有出资或者抽逃出资，那么控股股东也应该提供能够推翻工商登记及验资报告的证据来证实。如果在法院判决控股股东在申请人的出资范围内承担赔偿责任后，控股股东又找到财务账册或者通过其他证据能够证明公司在清算时不仅无利润而且注册资本已经亏损的，那控股股东可以就该案申请再审。

2. 要求控股股东支付原告股东已经垫付的清算组报酬

前文已经阐述过，申请人申请强制清算是先由申请人垫付清算费用，若公司能清算出财产的，从清算出的财产中进行支付。但是无法清算案件不同，对于其申请人垫付的清算费用该如何处理，笔者认为，作为申请人即原告股东在向控股股东主张权利时，该部分费用有权主张，法院应当予以支持。

3. 要求分配剩余财产

在股东向控股股东主张权利的诉讼中，如果原告能举证证明公司现在所有的财产的，笔者认为，可以将能够确实查明现存的财产按照申请人股东出资比例进行分配。诉讼阶段能发现确实存在的情况并不多见，因为经过清算阶段能够核实的财产清算组早已经核实。司法实践中经常出现的情况是，原告股东能证明在公司存续的某个阶段所有的公司财产，但是在诉讼时该财产又不知去向，在该种情况下无法按照原告的诉求要求控股股东赔偿其认为自己应当分得的份额，因为无从查实该部分财产的下落，同时由于财务账册的灭失也无从判断，因此对该种诉讼请求不应当支持。

第四节　完善公司强制清算相关法律体系的构想

一、完善强制清算程序的预审查制度

在主体的资格的审查上，除了规定被申请人对申请人的主体资格提出异议的，法院应当向申请人释明通过诉讼等其他方式确认申请人资格，否则不予受理。笔者建议，此处的异议提出权利不仅赋予被申请人，利害关系人也应当有此异议权。上文阐述时已经提到利害关系人可以是被申请人的股东或者其他与强制清算有利害关系的人，特别是在股东申请强制清算的情况下，对于申请人的股东资格，被申请人的其他股东更应有发言权，因为毕竟有限公司作为混合性质的公司，不应该只看被申请公司的态度来确认股东身份。同时笔者建议，在被申请人或者利害关系人对申请人的资格都没有提出异议的情况下，若法院认为证明申请人身份的证据存疑，也可以向申请人声明先行确认，否则法院不予受理强制清算申请。

在强制清算的启动事由上，笔者并不建议细化规定何为清算故意拖延，也不建议细致规定清算多长时间为拖延，原因在上文已经详细阐述。笔者建议的是在启动事由上借鉴国外的规定，将公司债务超过资产有不实之嫌作为启动事项予以规定，这除了上文所阐述的原因外，与我国现行的司法现状有一定的关系。因为我国现行关于非国有企业的破产申请很难被法院受理，在债权人或者股东发现公司债务超过资产有不实之嫌时，申请强制清算可以借助清算组及法院的力量来审查各种公司债务的真实性，排除虚假债务；如果在清算过程中确实发现资不抵债的情况，也可按照我国现行法律规定转入破产程序。

在预审查期限上建议有规定来明确强制清算的预审查期限不受现行立案登记制七天立案审查的规定限制。

二、制定清算费用收取办法的详细规定

我国现行的关于清算组报酬的规定欠缺现实可操作性，法律法规及相关司法解释规定了报酬确定的参照标准为破产管理人的报酬，但实际上清算费用的收取直接关系整个清算进程的推进，只有在程序上、实体上完善清算费用的收取，才能保证清算工作的有序开展。笔者建议，无论以何种方式，都应该建立一套完整有序的清算费用收取办法，可以考虑将其予以完善。

笔者建议，具体可作如下规定：公司强制清算案件的实际清算费用由申请人垫付，清算工作结束后按实际发生数额多退少补；具体数额按债务人注册资本金确定，最低为3万元，最高不超过30万元（该标准考虑到各地现行工资收入水平）；法院可根据案件类型、案件具体情况及债务人注册资本数额、公司规模及清算工作量等条件，适当调整垫付数额。

审判庭受理公司强制清算案件后，应及时指定清算组，并通知申请人在规定期限内向清算组预交应垫付的清算费用，以保障清算工作的正常进行。申请人逾期未预交实际清算费用的，法院将按撤回申请处理。如法院裁定受理后，申请人又表示不愿垫付清算费用的，且被申请人公司及其股东、实际控制人等下落不明，或被申请人公司无能力支付清算费用导致强制清算程序无法继续的，法院应驳回申请人的强制清算申请[①]。申请人预交的清算费用应从清算财产中优先支付；若清算无财产，申请人可依法向相关责任人追偿。

实际清算费用包括以下费用：刻制印章费用（清算组需要专门印章）；公告费；邮寄费；查询费；交通费；打印、复印费；召开债权人会议的会务费；审计、评估、变现的费用，清算组人员报酬和聘用工作人员的费用。上述费用以实际发生为准，清算组须在清算工作完成后做出费用支出报告通报债权人会议并报法院核准。清算组应如实合理支配申请人垫付的费用，并忠实履行勤勉尽责义务。违反上述规定的，应承担相应法律责任。

①侯庆平．公司强制清算程序疑难问题探析[D]．昆明：云南大学，2015.

三、明确无法清算案件终结后控股股东对少数股东的赔偿责任

在无法清算案件中，笔者基于上文的阐述，建议强制清算终结后，少数股东向控股股东主张权利的，应当由控股股东来举证证明剩余财产的数量，不能举证证明是否有剩余财产或者剩余财产数量的，法院可在申请人股东的出资范围内要求控股股东承担责任；债权人要求被申请人的股东、董事、实际控制人等清算义务人对其债务承担偿还责任的，应当由股东、董事、实际控制人等清算义务人来举证证明公司的财务状况，举证不能的也应当承担不利后果。其原因同笔者前文的阐述，作为中小股东或者债权人其实不掌握或者根本不清楚公司的财务状况，让中小股东或者债权人来证明公司的财务状况非常困难，不能让控股股东等实际控制人简单地以财务账册灭失来规避自己的责任承担。

第三章　公司强制清算中法院的职权

第一节　法院在强制清算程序中的职权简述

通过查阅相关法律可以发现，在强制清算程序中法院居于主导地位，干预并监督清算的全过程。根据我国的基本国情，我国立法机关通过立法将以下几个具体的权力赋予了法院。

一、强制清算程序启动的决定权

法院对强制清算程序的启动权主要表现在两个方面。一是由公司清算中的利害关系人主动申请而启动特别清算程序，在这种情况下申请人在提出申请时应向法院提出足够的证据证明法定事由的出现。二是法院依职权决定公司进入特别清算程序，这种方式不需要有关主体再提出申请[①]。比如，出于公共利益的考虑，法院认为不适宜继续适用普通程序来审理公司，可以决定将普通清算程序转入强制清算程序。

二、采取保全措施的权力

法院可依职权或者利害关系人的申请在强制清算的过程中采取必要

①王娇．法院依职权启动破产程序研究[D]．南宁：广西大学，2018.

的保全措施，如证据保全或者财产保全。这么做的目的是防止债务人非法隐匿或转移财产，这一点也符合《中华人民共和国民事诉讼法》（以下简称《民事诉讼法》）的相关规定，具体的措施如查封、扣押公司的资产账簿、财产清单等，这也为法院后期查明公司真实的财产做了铺垫，而且为明确清算义务人的责任确立了依据。

三、清偿协议的审核、确认权

公司的清算人或者债权人会议提出清偿协议，它跟全体债权人债权的清偿程度相关，并且关系着全体债权人的利益。因此法律对债权人会议的决议程序有严格的规定是为了防止债权人侵权。法院对协议进行审核和确认后，此协议才发生法律效力，这进一步保障了多数债权人的利益。

四、监督、检查权

法院可以在强制清算程序中对被申请人和清算组进行监督和检查。中介机构经常被法院委派为检查人员调查清算相关事项，这些事项有关于公司财产状况和评估情况的，也有关于违法清算的。调查结果的书面报告是法院对相关人员作出保全处分决定的重要依据。一旦法院发现公司存在资不抵债的情况，应当督促并及时受理清算组向其提出的破产申请。法院应要求清算组及时报告清算过程中的资产清理及变现行为，及时制止和纠正所发现的违法行为。法院还应根据实际情况对清算费用的支出予以检查并适时调整。

五、委托有关中介机构对公司清算进行审计、评估的权力

依据我国的基本现状，有一些中小企业法律意识十分薄弱，加上许多中介机构的操作行为也不是特别的规范，大量公司清算存在虚假审计等情况，这些行为严重侵害了债权人的利益，违背了公司清算制度的宗旨和法律的规定，因此必须赋予法院监管的权力。特别是在发现公司或股东与清算机构之间存在利害关系，有可能妨碍评估的准确性以及审计

工作的公正性和真实性时，法院须另行指定其他中介机构继续行使职权。

六、召开听证会的权力

利害关系人在申请强制清算时应提交与清算有关的材料，法院决定受理时，还应当召开听证会。法院在申请无异议的情况下对于法律关系明确、事实清楚、证据充分的不需要召开听证会，可以采用书面的方式进行审理。

七、组织选任和解任清算人、检查人及管理人的权力

根据《企业破产法》的规定，法院可以依职权或者依利害关系人的申请解除不适当履行责任的或者不适当尽清算义务或有重大过失的清算人的职务。还有为了保证专业性以及解决清算问题的复杂性，法院亦可以申请或依职权聘请有丰富经验的专业人员，协助对公司业务及财产的检查。

八、强制清算程序的中止和终止权

如果没有必要再进行强制清算程序时，应使公司能够自主地进行普通清算。另外，根据《企业破产法》相关规定，在法院审理过程中，发现债务的数额以及公司的财产不足以清偿，且公司与债务人在债务人会议上经过长时间的交涉仍然无法达成协议，此时法院应当宣告企业破产并终止强制清算程序。

若在强制清算过程中，清算的主要任务已经完成，且法院审查并认可了债务人会议通过的协议，强制清算程序可被法院裁定终止。

应当指出，在社会主义市场经济中，公司的发展与解散需要一个良好的、健康的秩序，针对现实中存在的一些恶意违法的清算现象，应当更加强化法院对清算程序的干预，利用司法的公正性和终局性切实维护相关利害关系人的合法权益，这才是建立公司清算制度的真谛。

第二节　我国法院在强制清算中行使职权存在的问题

一、法院受案现状

随着我国市场经济的蓬勃发展，各行各业的企业如同雨后春笋般迅速涌现，为国家的经济增长注入了强劲的动力。这股创业热潮不仅促进了就业，还推动了技术创新和产业升级，为我国经济社会的全面发展奠定了坚实的基础。然而，在这繁荣景象的背后，也隐藏着一些不容忽视的问题。

近年来，随着企业数量的激增，公司强制清算案件也呈现出快速增长的趋势。据最新数据统计，全国法院在2024年1—9月，共受理了3597.3万件各类案件，与上年同期相比，增长率达到了5.78%。在这些案件中，公司强制清算案件占据了相当的比例，这不仅反映了市场经济中企业竞争的激烈程度，也暴露了一些企业在经营管理上的漏洞和风险。

这一庞大的案件数量，无疑给法院的审判工作带来了前所未有的压力。法院作为维护社会公平正义的最后一道防线，其工作质量和效率直接关系到人民群众的切身利益。然而，在面对如此庞大的案件量时，法院资源，特别是人力资源和时间资源，显得尤为紧张。许多法院不得不采取加班加点、延长工作时间等方式，以应对日益增长的工作负荷。

在处理复杂且耗时的公司强制清算案件时，法官往往难以投入足够的精力进行精细的实质审查。这些案件涉及的法律关系复杂，需要法官具备深厚的专业知识和丰富的实践经验。然而，在巨大的工作压力下，法官很难保证每一起案件都能得到充分的关注和审理。这不仅影响了案件的审判质量，也降低了审判效率，使得一些案件的处理结果难以令当事人信服。

二、法院行使职权存在的问题

（一）未赋予法院依职权主动启动强制清算程序的权力

启动权这一权力的缺乏会导致一些尴尬的情况经常出现在司法实践中。在实践中，如果债权人作为强制清算申请人向法院提起诉讼，其得到的清偿数额远远低于债权数额，超过债权数额清偿是不可能的，而债权人如果起诉要求单独清偿，则获得全部债权清偿的可能性大大增加了。这样就导致了一种局面，通常情况下债权人并不会选择直接向法院申请强制清算，而是通过全体债权人将已经解散的公司单独诉至法院来求偿。但公司解散后原则上不能对单独债权人个别清偿，要清偿也是通过清算程序或者破产程序对全体债权人统一进行清偿。此时无论法院支不支持其个别清偿的请求都会带来弊端。若法院支持其请求将会导致公司财产的减少，但若是不支持，法院无权主动启动强制清算程序。没有公司债权人或股东申请启动强制清算程序，法院会陷入两难的境地，因为其无法驳回债权人个别清偿的请求也没有理由中止审理。若法律赋予法院依职权主动启动强制清算的权力，上面提到的尴尬境地就容易解决了。

（二）对清算组的权利义务的规定失衡

清算组作为公司强制清算的核心执行机构，其职责履行直接关系到清算程序的顺利进行和债权人利益的保障。然而，现行法律对清算组的权利义务规定存在失衡现象。一方面，清算组承担着繁重的清算任务，包括资产清查、债务清偿、债权确认等，需要耗费大量时间和精力；另一方面，清算组的权利保障却相对薄弱，如缺乏必要的调查取证权、对妨害清算行为的制裁权等，导致清算组在实际工作中常常面临诸多困难。此外，对于清算组成员因履行职责而可能产生的法律风险，现行法律也缺乏足够的保护和救济措施。这种权责不对等的状况，严重影响了清算组的工作效率和质量，进而制约了公司强制清算程序的顺利进行。

（三）公司强制清算案件的案号管理存在问题

案号问题在实践中并没有表面上那么简单，需要对一部分问题进行规范。在案号的确立过程中，有些法院是按照一般的民商事案件来的，但是这样体现不了公司强制清算案件的非讼特点，导致一些法院在适用诉讼程序时错误地将此类案件当作一般民事案件来处理去适用诉讼程序。法院也无法准确地将审理法官的工作量和审结率、未审结率等与法官的内部绩效考核相挂钩。按照普通案件确立案号不利于对公司强制清算案件的审理，因为审理此类案件所需要付出的劳动量比审理普通案件多得多。

（四）听证会未纳入法院审查的必经程序

听证会作为一种重要的程序性制度，其核心价值在于保障当事人的陈述权、申辩权与参与权，是实现程序正义的重要途径。然而，在公司强制清算案件中，听证会却未被明确纳入法院审查的必经程序。这意味着，在某些情况下，法院可能在没有充分听取当事人意见与证据的情况下就作出裁决，从而损害了当事人的合法权益与司法公正性。将听证会纳入法院审查的必经程序，不仅是对当事人程序权利的尊重与保障，也是提升司法透明度与公信力的必然要求。

（五）法院对强制清算程序的监督机制不够健全

《公司法》虽然规定了法院在强制清算中的一系列职权，诸如选任和解散清算组、采取保全措施特别是财产保全措施、召开听证会等，但对法院在强制清算中的此类监督职权未作具体阐释。实践中相关实务案例还是参照《日本公司法》等相关法律，这是强制清算程序中的一处瑕疵，应立法予以完善。

第三节 国外法院在强制清算中行使职权的法律规定

一、日本对在强制清算中法院行使职权的法律规定

日本公司法规是世界各国公司法规中比较完备的，对各种职权的法律规定和划分都十分完善，其是在借鉴西方有关制度的基础上，结合本国的实际情况独立编创的，对于维护当事人的权利和利益具有十分重要的作用。其中，其对强制清算制度的规定是最为系统和完善的[①]。强制清算制度相对于普通清算制度而言是一个有所区别的概念，在世界上除了日本以外，并没有专门的法律条文来明确地规定强制清算制度。在强制清算制度中对强制清算执行程序进行明确的划分，特别是对法院在强制清算中行使职权的规定十分严格，目的是维护社会经济秩序的稳定，尽可能有效地保护债权人的合法利益，同时也避免了在强制清算过程中引发的不良社会效应。在强制清算中，日本公司法规和商法中规定的行使相关职权的法院具有十分重要的地位和作用，它一方面可以保障强制清算按照法定程序进行，另一方面可以进行十分有效的监督和保障债权人的合法利益。

近年来，随着我国经济社会的快速发展，在清算制度上暴露出了一些问题，特别是在关于强制清算这方面。例如，在执行强制清算的过程中，法院的工作效率较低，在有关专业方面没有明确的规定，同时对清算的监督权难以有效地行使，对于清算过程中的违法责任难以有效地追究等。将日本和我国的强制清算制度进行对比，可以看出两国的制度具有一定的相似性。所以，我国可以以日本的制度作为借鉴，而最明显的借鉴就在于强制清算中法院行使职权这方面的法律规定。以下几点详细地叙述了日本在强制清算中法院行使职权的法律规定。

①刘慧慧．公司清算义务人制度研究[D]．青岛：青岛大学，2023.

（一）法院是受理申请和审批申请的机关

在日本公司法规中规定的强制清算制度的最明显的特征是，裁决公司进入强制清算的决定机关是法院，法院有效地干预和监督清算的全过程。而在有关法规中对强制清算的启动以及过程中的执行、监督等，都有十分明确且详细的规定，其中对在清算过程中发挥干预和监督的作用的法院，法律不仅保障了其相应的司法权力，同时也明确了其在强制清算程序中的重要地位。简言之，法院在强制清算制度中具有受理和审批强制清算申请的职能。

根据《日本公司法》的规定，当普通清算必须转为强制清算的时候，向法院提出申请是必需的步骤，基于法院的命令才能启动强制清算程序，而且法院也可以依职权决定。所以，根据上述强制清算程序的启动存在着两种情形：一是普通清算在实行过程中遇到不可逾越的显著障碍；二是公司债务超过资产存在着资不抵债的可能性。如果法院审查认定情况属实即有权决定令其转入强制清算程序。虽然两种情形不能十分完全地概括强制清算的启动的所有可能性，但也基本上覆盖了强制清算所启动的可能性，而且在实际中法院肯定按照具体情况来审批并适度地自由掌握属于哪种情形，使相关法律上的规定落实到强制清算中的方方面面，而不会致使法院在判定的时候存在违反规定的情况。

法院在受理强制清算的申请的时候，必须按照《日本公司法》规定申请的情形，作出强制清算的许可令。在申请的事由中，作为申请机关的法院有着明确的规定。两种申请事由之一的“显著障碍”是指在进行清算的过程中，遇到了法律或者事实上的障碍，致使无法继续按照强制清算的程序完成清算的情形。这种障碍可以根据清算阶段的不同大致分为三类，分别是清算人障碍、清算事务障碍和清算标的障碍。其中，清算人障碍是指在普通清算的过程中，清算人无法完成清算事务并有可能危害到公司和其他债权人的利益，或者在人员缺任的情况下无法选任清算人员，致使不能继续进行清算。例如，在组织清算的时候公司股东之间出现了严重的分歧，产生了僵局，致使不能选任清算人；或者清算人在履行职责的过程中中饱私囊，恶意损害他人利益的情形。清算事务障碍是指清算中的利益关系人就清算方案无法达成一致，而清算组又无法完成这一方案，致使清算暂时停止的情况。这种情况例如涉及具有复杂关系的利益关系人，同时清算的账务等十分混乱的情形。这种情况的发生，有可能是法律上的原因，即清算财产是法律明令禁止流通之物或被强制查封等；也有可能是事实上的原因，即清算人无法按照正常的清算方式进行清算等情形。对于清算过程中发生的障碍，申请人在向法院申请的同时要提交相关的证明材料，接受法院的审批，这一方面保护了公司、债权人的利益，另一方面提高了法院的执法效率和排除了可能发生的损害清算财产等的情形。清算标的障碍是指清算对象本身存在的问题，如企业资产被非法转移、隐匿或遭受重大损失或存在法律纠纷导致资产被冻结，使得清算标的无法有效用于清偿债务。

另一种申请事由“债务超过资产有不实之嫌”是指在清算的过程中清算人清算财产的时候，发现财产有超过所负债的嫌疑，但是也无法进一步确定是否存在的情况。例如，被清算的财产账目混乱，无法准确核定财产的具体情况，财产中的负债数额或者资产数额存在着虚假嫌疑的情形。这个时候应该本着更好地保护债权人的利益的意图，向法院提出转入强制清算的申请，经法院审批发布准令时，启动强制清算。

根据《日本公司法》的规定，对于强制清算启动的最终决定权在于法院，在申请主体向法院提出强制清算申请时，法院应当依照职权对其申请进行必要的合法的审查，然后下达强制清算的准令。所以，法院在收到强制清算开始申请的时候，应当首先审查是否存在适用强制清算的条件，即上述的两种申请事由情形。申请主体在提出申请的同时，还要遵守法院关于强制清算的一些准则。例如，要预缴强制清算程序的相关材料和费用；不能损害债权人的合法利益；提出的强制清算申请的目的要合法等。另外，在申请的时候，除了要符合申请的必要事项外，还要符合以下几个要件：申请强制清算的公司必须是符合法院规定的股份制公司；申请的时候必须是经过普通清算而无法再继续清算；被强制清算的公司不是由于其他不符合法院规定的清算事由而进行清算；在进行清算的过程中必然遇到了显著的障碍或者债务超过资产有不实之嫌的情况等。强制清算的申请在出现消极情形时得不到审批。

法院依法受理和审批强制清算程序，不仅体现在强制清算申请受理时，还体现在进行强制清算的过程中。在强制清算的过程中有时存在着特殊的情形，公司的清算人或者债权人会议会达成一个协议，该协议是根据全体债权人债权的清偿程度而定的，涉及全体债权人的利益。这一协议涉及清算的各方面利益，严重影响着清算的进程，所以为了防止有些债权人利用此协议而侵害少数债权人的利益，法院对此协议产生的决议程序有严格的规定。当协议生成后，必须交由法院审批，经过其审核确认，此协议才能具有法律效力。此外，在清算过程中的各项规则的改变，也要向法院提交申请接受审批，这也体现了法院的公正性。法院作为强制清算的受理和审批申请的机关，本身有着十分重要的作用和意义。一方面，其可以更好地规范强制清算程序；另一方面，可以全面了解整个清算过程。

（二）法院可以采取保全措施

在强制清算的过程中，难免会产生妨碍清算的障碍，严重的会影响到清算的进程。所以，应当采取有效的保全措施保障强制清算得以顺利进行。保全措施可以分为两大类，分别是财产保全措施和证据保全措施。采取这样的保全措施，是法院在清算中查明被清算公司的真实的财产状况的有力保障，明确了清算人应负的责任和防止危害清算情况的发生。法院在强制清算程序启动时，可以在与被清算公司有相关利益的人和债权人的申请下或者根据本身的职权，结合清算过程中的具体情况发布强制清算的公告，并采取有效的与具体情况相呼应的保全措施。

保全措施中的财产保全，是指法院依照被清算公司的相关利益关系人的申请或者依照其职权，为了防止相关清算财产的非法流失和更好地保护其财产而采取的有效的财产保全措施。《日本公司法》规定：法院在下达强制清算开始命令的情形下，可就清算股份公司的有关财产命令实施禁止处分其财产的临时处分及其他必要保全处分。财产保全中采取的措施大致可以分为以下几类：对公司的财产进行查封、扣押、冻结；对公司的资产账簿及财产清单进行查封、扣押；禁止记名式股份的转让等。

证据保全是指法院对其因为资产超过负债有不实之嫌的事由而转入强制清算的时候，根据被清算公司的相关利益关系人的申请或者依照其职权，在强制清算过程中为了有力地查清和清算有关的真实的财务状况以及明确相关的责任，而采取的有效的与之相应的证据保全措施。《日本公司法》中对公司清算等财产的保全处分的规定为：法院在自己下达强制清算开始命令的情形下，认为清算监督有必要时，根据清算股份公司的申请或依职权，对基于发起人、设立时董事、设立时监事、第432条第1款规定的公司负责人或清算人（简称对象公司负责人）责任的损害赔偿请求权，可对该对象公司负责人等的财产实施保全处分。可以采取的证据保全措施主要有对公司的资产账簿、财产清单等进行查封、扣押。

（三）法院可以中止其他与清算公司有关的诉讼和强制执行程序

为了清算利益不必要的流失，在向法院提出强制清算的申请后直至法院作出是否准许其转入强制清算的准许的这段时间里，法院可以在必要的时候中止可能对强制清算造成影响的程序。具体的是指法院在受理期间，根据相关申请人的申请，对其可能发生的一系列危害清算利益的行为，责令其被清算公司必须停止和强制清算无关的或者有危害的经营活动，而与强制清算有着相联系的经营活动只能由根据法院相关规定而产生的清算组代表其进行相关的经营活动。此外，和清算公司相关的诉讼活动也只能由法院选定的清算组代表其进行，在必要的时候法院可依法中止相关的诉讼活动。

《日本公司法》中规定法院可以依法作出以下程序的中止命令。首先，当清算公司的财产出现被强制执行、临时扣押或者临时处分程序的时候，法院可以根据具体情况责令其终止。但是，其并不适用于不会给清算财产造成损害的情形。其次，一旦清算公司收到并通知了强制清算的命令，它将不得再提出启动公司破产程序的申请。然而，在特定情况下，如果遵循相关法律条款，诸如强制执行、临时扣押、临时处置或财产公示等必要程序，并不会因上述清算命令而中止执行。

而强制清算启动时，法院根据相关规定不得再申请破产、和解等。同时，法院也有权根据情形的不同选择中止拍卖程序，无论此程序是否正在实行担保权。

为了可以及时对清算公司的财产状况进行维护，有效遏制有关清算人的所有违法纠纷，保障清算公司以及有关债权人的合法利益，根据相关的清算法律，法院有权中止以清算公司为当事人的诉讼的强制执行程序。此外，如果强制清算是因为出现显著障碍而启动，当障碍消失时，便再没有继续进行强制清算的理由，法院可以依法中止强制清算，保障清算公司的清算财产不受损失。

（四）法院可以对清算程序全程监控

在强制清算中难免会有妨碍清算进程的情况，这种妨碍可能是外在因素，也有可能是内在原因。所以，为了防止这些障碍的产生和保障清算的进行，非常有必要通过结合外部监督加强内部制约的方式来实现对清算程序的全程监控。而对强制清算程序进行全程监控的是《日本公司法》中规定的组织监督机关，即法院。

对强制清算程序的全程监控而言，法院主要是运用相关法律赋予其职权和本身所具有的公正性等手段，采取直接或间接的方式对清算过程进行监控。这样的监控主要体现在以下几个方面。第一，在清算的过程中如果清算人违反了法院的清算规定而没有完成清算事务或者有其他事由时，法院可以按照相关申请人的申请，依法解任或更换申请人。同时，在清算人员缺少的情况下，法院也可依法选任清算组成员。第二，法院可以要求清算公司依法及时向法院报告清算事务的进程和具体的财产状况。如果其没有及时提交，法院有权力自行获取相关的清算信息，严重时可以采取相应的处理措施。第三，公司为财产处分、起诉、转让等行为都应当由法院监督。同时处理的相关决定都应当报请法院，并得到法院的准许。第四，对清算事务中出现的矛盾问题，法院可根据相关申请人的申请修改其中有矛盾的地方。同时，对清算过程中清算人员和组织作出的可能危害强制清算的行为，法院可以采取适当的措施取消相关的行为。第五，在有必要的时候，相关的政府部门应法院的要求来配合法院的监管工作，或者主动向法院提供强制清算的监管意见。

法院对于强制清算的监控是十分严格的，也可以完善和防止强制清算中可能出现的问题。但是，这仍不能达到日常监督的完备，因此法院规定对于强制清算进程的监控可以以法院的监管为主，兼顾其他相关行政部门的配合的方式，弥补日常监控中可能出现的漏洞。在法院内部体制方面，可以参照《日本公司法》所规定的监督委员制度，设立监督委员会。例如，监督委员会可以监管强制清算程序中出现的像借贷、诉讼、仲裁等清算行为。而监督委员会也有可能出现监管方面的问题，则法院必须对监督委员会进行有必要的监督。同时，在无法及时处理的情况下，法院可以在监督委员中选择一人或者两人以上成立调查委员会，并规定详细的注意事项。

而在清算公司的内部，可以成立债权人会议配合法院进行相关的监管工作。而债权人会议是指大多数相关清算债权人对于清算过程中出现的清算问题进行讨论，形成共同意见。它可以在日常监管中对清算事务进行监督，并作出符合相关清算法的处理协定。法院在必要的时候，可以指挥债权人会议进行相关的监督工作。但是，有的时候因为债权人处理经验等的限制，也不能确保相关处理方式的合理性和正确性。所以，债权人会议可以根据法院的规定设立监察委员会具体实施清算的监督权。总而言之，法院全程监控清算程序对提高清算效率起到了重要作用，防止相关问题的发生。

二、美国强制清算中法院行使职权的法律规定

在美国的法律体系中，破产清算是一项重要的法律程序，它允许个人、合伙、有限责任公司和其他非公司性组织在无法清偿债务时，通过法律手段将债务人的财产变卖或作价，分配给债权人以清偿债务。在这一过程中，法院扮演着至关重要的角色，其行使职权的规定详细而严格，旨在确保程序的公正性、透明度和有效性。

（一）法院的角色与职权

在强制清算中，法院是程序的主导者，负责监督整个破产清算过程。法院的主要职权包括但不限于以下方面。

受理申请：债务人或债权人可以向法院提起清算申请。由债务人提出的清算称为自愿清算，而由债权人提出的清算则称为强制清算。

指定受托人：在强制清算中，法院通常会指定一名受托人（通常是律师或会计师），负责管理和分配债务人的财产。

审核财产：法院会监督受托人对债务人财产的审核过程，确保所有财产都被正确列出并估价。

分配财产：根据法律规定的优先顺序，法院会指导受托人将债务人的财产分配给债权人。

终止清算：当所有财产分配完毕，且清算程序符合法律要求时，法院会宣布清算终止。

（二）破产清算中的优先权

在美国的破产清算中，债权人并不平等，而是根据法律规定享有不同的优先权。这些优先权在《美国破产法》中得到了明确规定，主要包括如下几个方面。

行政费用：破产案件审理中的行政费用享有最高优先权。

正常业务活动中形成的债权：从强制申请提出后至债务人被宣告破产时止，债务人在正常业务活动中形成的债权享有次高优先权。

工资和劳务报酬：债务人欠其雇员的工资和其他劳务报酬享有较高的优先权。

福利和定金：债务人雇员的福利、粮食生产者或水产品生产者的债权、消费者所付的定金等也享有优先权。

政府税收和银行保证金：某些政府税收和特殊的银行保证金也享有优先权。

（三）法院对债务人基本人权的保护

尽管美国法律在破产清算中赋予了债权人较高的权利，但法院也注重保护债务人的基本人权。例如，当债务人经过清算后无法维持基本生活时，可以向政府申请最低生活保障，包括提供廉租房、对未成年子女提供必要的教育和医疗等。这种社会保障机制确保了债务人在经历清算后仍能维持基本生活，体现了法律的人道主义精神。

三、澳大利亚强制清算中法院行使职权的法律规定

在澳大利亚，强制清算是一种重要的法律程序，用于解决企业无法偿还到期债务的问题。该程序主要依据《2001澳洲公司法》的相关规定进行。在此过程中，法院扮演着至关重要的角色，其职权行使遵循严格的法律规定。

（一）强制清算的定义与类型

在澳大利亚，强制清算通常发生在企业无力清偿到期债务时。根据《2001澳洲公司法》的定义，“破产”是指公司无力偿还其到期债务的状态。此时，债权人或相关利益方可以向法院申请强制清算。

强制清算主要可分为两类：一是基于《2001澳洲公司法》5.4部分规定的公司破产清算，通常指公司未能在二十一天之内支付法定催债书中所列的款项而被推定为破产状态，进而债权人向法庭申请公司破产清算；二是基于其他因素的法庭强制清算，如公司无股东、董事违背其信托职责或公司停止经营等情况。

（二）法院在强制清算中的职权

1.受理申请与裁定

当债权人或相关利益方向法院提交强制清算的申请时，法院需对申请进行审查，确保符合法律规定的条件。审查内容通常包括公司的财务状况、是否具备偿债能力、是否存在逃避债务的行为等。一旦法院裁定公司确实存在无法清偿到期债务的情况，将发出强制清算的命令。

2.指定清算人

在强制清算程序中，法院负责指定清算人。清算人的主要职责是接管公司的财产，进行财产清查、评估、出售，并在支付清算费用后，按照法定程序分配回收和出售资产所得的款项。清算人必须向法院定期报告清算进展，并接受法院的监督和指导。

3.监督清算过程

在整个清算过程中，法院有权对清算人的工作进行监督和指导。如果清算人未能履行职责或存在违法行为，法院可以撤销其职务并指定新的清算人。此外，法院还可以对清算过程中的重大事项进行裁决，如财产的处置方式、债权的确认与分配等。

4.裁定清算结果

清算结束后，清算人需向法院提交清算报告。法院将对清算报告进行审查，确认清算结果的合法性和公正性。如果清算报告符合法律规定，法院将裁定清算结束，并宣布公司正式解散。

（三）法律适用与程序保障

在澳大利亚的强制清算程序中，法律适用具有严格的规定。法院在行使职权时，必须遵循《2001澳洲公司法》及相关法律法规的规定。同时，为了保障程序的公正性和透明度，法院在受理申请、裁定清算、指定清算人以及监督清算过程等各个环节中，都需遵循法定的程序和规则。

此外，澳大利亚的司法体系也为强制清算程序提供了有力的保障。联邦法院、州和地区法院以及地方法院各司其职，形成了覆盖全面的司法网络。这些法院在处理强制清算案件时，都需遵循法定的审判程序和原则，确保案件的公正、公平和高效处理。

第四节　完善我国法院在强制清算中的职权的措施

一、完善我国法院在强制清算中职权的原则

近年来，我国对于公司强制清算制度的立法有了巨大的进步，完善了相关的立法规范和执法程序等。但是，在经济发展的过程中出现的情况与强制清算制度的立法和制度的执行能力之间存在着很大的差异。在一定情形下，容易造成当事债权人以及相关利害关系人的合法利益遭到重大损失，同时也可能造成相关部门在执行能力上存在致命的漏洞。在我国相关法律中，并没有明确地规范法院在强制清算中行使职权的各项要求，而这一缺陷的存在也是造成负面问题出现和相关利害关系人遭受重大损失的主要原因。因此，我国应该在借鉴其他国家和地区关于法院在强制清算中职权的立法优点的基础上，结合我国的实际情况，完善关于法院在强制清算中行使职权方面的立法规定①。而在完善的过程中，我国应该遵循以下几个原则。

（一）司法介入适度原则

随着我国经济的快速发展，一些公司无法适应其发展的步伐，导致生产经营状况十分惨淡，无法再继续运营下去，从而迫不得已地退出市场。在退出后由于特定情形而进行清算的过程中，往往因为当事人和其他利害关系人的利益纠纷和清算财产中的不合理分配，以及在执行强制清算的过程中可能出现的阻止其清算的诉讼或者其他情形等，而导致强

①杨扬．法院在公司强制清算中的职权研究[D]．贵阳：贵州大学，2015.

制清算中的债权人和其他利害关系人的正当合法利益遭受重大损失，也使强制清算无法继续进行从相关领域的市场运行遭受一定的影响。在此情形下，为了保证强制清算的有效进行，司法机关应该根据自身相关情形，结合调查的实际情况，对法院明确作出适度介入其清算程序的具体规定。而法院在介入的过程中也应当选择适度的方式来处理相应的情况，既保证清算程序的有效开展和进行，也保证债权人的利益不会遭到不必要的损失。而这种以法院为代表的司法系统通过适度介入清算的方式解决强制清算中的矛盾冲突保障清算程序的进行和当事人利益的情形，就是司法介入适度原则的含义。它的本质就是通过司法的适度介入来实现司法对强制清算过程中的有效调节。

根据有关司法介入适度原则的规定，该原则只能在特定的情形下才可以适用。而情形大致可以分为三类：一是清算过程中出现了妨碍其进行的诉讼或者其他中止事由，例如，清算公司的财产账册有捏造的嫌疑或者清算人在清算过程中违反相关规定等；二是强制清算中执行清算的人或组织部门无法继续引导开展公司的清算事项，同时有可能造成清算财产不必要的情况下，可依相关申请人向法院提出申请，由法院适度介入处理相关清算事务；三是清算程序中债权人在有一定根据的前提下，认为法院的适度介入可以更好地保障清算公司和债权人的利益。而在适用司法介入原则的时候，法院都应把握一个限度，必须考虑到清算公司和债权人自身的意思表示。对于强制清算中的清算人要实行必要的引导，而对违反相关清算义务的清算人要施行相应的惩罚，以保障清算的进行。

另外，在适用此原则的时候，还要注意相应的要求。第一，对于阻碍清算的事由是否适用此原则，司法机关应该规定相应的限度。对于没有达到适用此原则的案例事由，法院可协助清算组织进行内部的自我调节。第二，法院在处理时，应尽量采取提出请求、陈述理由或者双方举证辩论的方式，最后再作出相应的裁决。这样可以有效地促进清算过程中各债权人之间的和谐，加快清算程序的进行，而不应该采取强硬措施。

第三，在适用原则时，法院应当与强制清算中的当事人或者债权人进行信息交流等必要的互动。一方面，有利于法院作出正确的处理，保障清算人的利益不受损失；另一方面，有利于保障强制清算程序的顺利进行。

（二）程序正当原则

强制清算程序的目的是解决清算公司过程中各清算人之间的利益纠纷，使各清算人的利益得到公平、公正的调节而达到平衡，从而有效地结束清算公司存续期间发生的各种法律关系，减少对其他市场发展的不利影响。而其清算过程中的公平、公正则是债权人所追求的理想状态，也是法院对其进行保障和监督所希望达到的法律理想状态。因此，法院根据具体的实际情况规定了程序正当原则。

强制清算过程的有效进行必须以程序公正原则进行保障，一方面使清算公司的债权人的合法利益和其他清算利害关系人的权益能够得到全面的维护；另一方面使清算公司执行强制清算制度的目的和价值能够得到实现。法院之所以在强制清算中会遵守程序正当原则，是因为在清算过程中时时发生着可能危害清算财产和债权人财产等相关利益的复杂情形。公司执行清算时常常是出于自身的无奈，因此清算过程中就可能出现各种各样的问题。例如，执行强制清算的公司由于其他原因，不能明确地提供清算财产的具体数额和债权人的名单，从而导致有的债权人无法维护自身的利益；而有的债权人则有可能利用这个缺陷谋取不正当的利益。对这些问题的解决，法院必须严格地按照程序正当原则的规定行使职权，使强制清算制度中的一系列程序和规则的安排，都体现出正当的价值。对此，法院应通过一切司法程序保障清算过程中的清算财产账务等公开在相关债权人的眼前，以维护各债权人的合法利益。而法院要使程序公正原则得到有效的贯彻落实，必须把握强制清算程序自身的民主性和公开性。

（三）程序效率原则

由于强制清算程序中往往涉及复杂的法律主体，而为了更好地保障各主体的利益，法院在清算过程中也要严格地遵守程序效率原则。程序效率原则的实行可以有效地将可能造成清算利害关系人的利益的损失降到最低，从而保障利害关系人的利益尽快地得到实现，同时也可提高法院更好地处理其他强制清算的效率，从侧面保障了他人的合法利益。

另外，法院在受理相关强制清算的事务时，要严格按照相关法律的规定在法定期限内及时而高效地完成相关清算事务，保障清算的利害关系人的合法权益及清算效率，降低因长期拖延清算而给相关清算利害关系人的合法利益造成不必要的损失，也可减少社会资源的不必要浪费，提高社会资源的利用效率。在法院具体行使相关清算职权方面，大致也可分为两大类。第一类是提高清算效率。例如，在受理强制清算的手续办理中，如已发现法定的妨碍事由，在相关的手续上可以专门设立绿色通道加快受理进度，并通知相关申请人事后进行弥补。第二类是缩短清算期间，降低清算成本。例如，在不必要的清算程序上，法院可相应地减少以期提高清算效率，使强制清算中的各程序顺畅衔接缩短进程，从而可使清算债权人的整体利益得到最大化。总而言之，在强制清算中法院行使相关职权要严格地遵守程序效率原则。

（四）利益均衡原则

法院在强制清算中处理相关清算财产或者其他清算利害关系人有关利益的时候，要注意各个清算利害人之间的利益关系，严格地坚持利益均沾原则。在相关的清算公司立法中对利益均衡的诠释为：“公司法的目标并非单纯地实现公司股东利益的最大化目标，而是为了实现公司法上的各种利益关系主体之间的利益平衡。”所以，坚守并严格地执行利益均衡原则，是公司强制清算程序所要实现清算的重要价值目标，也是法院行使相关职权所要达到的法律状态。

在具体的执行强制清算程序中，法院要根据清算的实际情况，把债权人的利益放在优先位置进行清算，同时兼顾公司的利益，正确地处理各清算利害关系人之间的利益纠纷，把握利益中的平衡使每个利害关系人都可维护自身的合法利益。而法院之所以要在行使职权的时候把握利益均沾原则，是因为强制清算过程中会涉及的利益主体十分复杂，这些利益相关主体在清算公司中的利益都具有差异的方面，甚至在某些清算领域上的利益存在巨大的冲突和矛盾，如果法院对其不采取适当的措施，那么可能会导致清算公司和其他清算利害关系人的利益遭受巨大的损失。所以法院在处理相关事例时，要兼顾各方利益主体，客观地按照双方的过失和行为来进行判决，采取混乱中求平衡的方式，尽量地使各方利益主体能够得到利益上的平衡。但是在寻求平衡的时候，要把握平衡的限度，不能损害其他债权人的合法利益，而应对危害他人、谋取不正当利益的给予适当的处罚，以此来实现强制清算过程中的利益均衡。

二、完善我国法院在强制清算中职权的措施

（一）赋予法院依职权主动启动强制清算程序的权力

在我国启动强制清算的事由可分为三种，即公司解散逾期不成立清算组进行清算、虽然成立清算组但故意拖延清算、违法清算可能严重损害债权人或者股东利益。这三种强制清算的启动事由虽然覆盖了大部分的启动强制清算的情况，但是在实际情况中还是经常出现阻碍清算过程的矛盾争议等，致使清算过程无法继续进行而又不属于上述三种情形的启动情形。因此，我国公司法规应该借鉴日本、美国等的公司法规的相关规定，赋予法院依职权主动启动强制清算程序的权力。

对于日本、美国等公司法规对法院依其职权启动强制清算的相关立法规定而言，我国法院应当将日本、美国等的公司法规中法院规定的遇到障碍和债务不实这两种情形也纳入强制清算的启动事由。这可以使法院及时启动强制清算，既可以充分维护债权人和相关清算利害关系人的

合法利益，同时也能维护相应的社会市场秩序，减少社会资源的浪费，提高强制清算的效率。如果法院对本不属于上述三种强制清算的启动事由的情形不进行依其职权主动启动强制清算的话，可能会导致相关利害关系人的利益遭受重大的损失，市场秩序的混乱。例如，法院在审理债权债务纠纷的过程中发现陷入纠纷的公司已经因一定原因解散或停业，但是涉案公司未经清算和注销登记，在这时如果债权人不依法申请启动特别清算程序，那么法院只能依照普通程序审理，而不能依职权主动启动强制清算程序，这样的话就可能造成清算公司和利害关系人的利益遭受不必要的损失。在这种情形时，法院理应依职权主动启动强制清算程序，因此，我国公司法规应当赋予法院依职权启动特别清算程序的权力。

（二）制定法律条款弥补对清算组权力的制衡和监督

笔者认为，完善法院在强制清算中的职权，必须要完善好清算组的权力，与法院相配合，将与强制清算程序原则相背离的以及可能危及社会各方面利益的全数消灭。笔者认为，可以考虑采取如下方面的举措。第一，设计针对清算组成员的赔偿责任条款。清算组负责整个清算工作的运行并扮演着重要的角色，它的依法顺利进行直接决定着公司能否依法清算。所以当清算组在从事清算事务时如有违反法律、行政法规或者公司章程给公司或者债权人造成损失时，清算组的成员应当承担连带责任，这一点同《公司法》上的合伙制度相类似。第二，适当借鉴《企业破产法》中债权人会议对管理人的监督机制。我国在这方面与外国存在一些差异。在国外，许多国家委托债权人会议选出常设机构，这些机构对公司日常清算工作进行监督，但是在我国除了法院可以监督强制清算之外，其他主体对其监督少之又少。根据我国现有法律及司法解释的规定，作为被清算公司的债权人，其仅仅享有被告知清算组成立和申报债权的权利，其他方面诸如清算组侵害债权人利益的行为，相关法律没有给予完善的规定。

（三）完善法院对强制清算案件案号的管理

在强制清算案件中，案号问题表面上看似简单，但如上所述管理起来必须区别于一般的民商事案件。因此笔者认为对强制清算案件案号应该参照企业破产案件的案号进行管理，将其案号确定为“清”字号。而且我们不仅要考虑案号，还要考虑在申请人向法院申请到法院受案的这段时间内，法院要对此类案件进行大量的质证审查工作，所以应当区分为“清（预）”字和“清（算）”字两种，这样一是对案件受理的进度进行了区分，二是明确了程序逻辑，有力地保障了法院受理前顺利进行听证程序，最后能够更为客观准确地统计工作量。

（四）构建听证会模式

众所周知，民事诉讼主要解决平等主体之间的财产关系和身份关系。有关公司的设立、解散或者财产纠纷日益增多，但解决这些纠纷的机制很单一，这样矛盾就日益凸显出来，目前仍然没有相应的特别程序可以适用。我国民事诉讼将诉讼程序划分为一般程序与特别程序。面对公司诉讼与民事诉讼以及公司自治与司法裁判之间的矛盾，我们有必要将非讼程序作为一种特殊的诉讼机制来借鉴并应用于审理公司诉讼。而公司强制清算案件的听证审查程序一般存在以下基本特征：申请公司强制清算但并不必然启动此程序；强制清算是一种程序制度；在申请人对被申请人的债权或者股权尚不确定的情况下，申请人没有权利申请强制清算等。从以上内容可知，强制清算程序中的听证程序完全符合非讼程序的特征，不解决实体纠纷，所以公司非讼程序一定会成为公司强制清算的一种便捷且有效的方式，要加强法院在强制清算中的职权，全面构建听证会模式也是必不可少的环节。

（五）强化法院在强制清算中的监督权

强制清算与自行清算最大的区别就是法院在清算程序中的监督权问题，这充分体现了法院对清算事务的积极干预。法院作出强制清算开始命令后，对于公司的清算由法院负责监督。对于法院监督权的加强方法，可以参照日本、美国的相关规定。首先，法院认为有必要启动清算监督程序时，可以依职权或者根据债权人、清算人、监事或者股东的申请对清算公司的有关财产命令实施禁止处分或者临时处分等必要的保全处分，或者禁止清算公司将股东名册记载的事项记载或者记录在股东的名册之上等，这些都可以避免清算过程中造成的不必要损失，使清算工作更加有条不紊地进行。其次，规定法院可以命令清算人或者清算组对其事务及财产情况随时报告。这样使法院在清算过程中可以随时了解清算的进程，弄清清算程序是否合法等，以便法院及时发现清算过程中出现的问题，并进行监督，遏制清算过程中违法情况的出现。

第四章　股东申请公司强制清算

第一节　股东申请公司强制清算的法律内涵和对债权人的影响

一、股东申请公司强制清算与其他清算类型的区别

（一）股东申请强制清算的概念和特点

1. 股东申请公司强制清算的概念

股东申请强制清算系指公司在法院判决解散后，无法自行组织清算时，由股东向法院申请，并在法院主持和监督下所进行的清算。

2. 股东申请公司强制清算的特点

（1）申请人须是公司的股东

依据《公司法》第二百三十一条的规定，该股东需持有公司10%以上的表决权。

（2）由法院主持或者监督

依据《公司法》及最高人民法院的司法解释，法院在此过程中的权力主要有：指定人员组成清算组；更换清算组成员；认可债务清偿方案；确认清算方案和清算程序终结等。

从上述制度设计来看，股东申请公司强制清算过程中，法院仅是主持或者监督清算过程，但并不实际负责具体的清算活动，这与境外国家或地区的“司法清算”或者“法院清盘”有很大的不同。

（3）股东申请公司强制清算为非讼程序

根据民事诉讼法律理论，民事纠纷案件通常分为诉讼案件和非诉讼案件，分别适用民事诉讼程序和民事非讼程序。其中，诉讼案件系指当事人就实体法上的权益存在与否等实质事项存在争议的案件，其目的是解决当事人之间争讼的实体权利纠纷。该类案件依据民事诉讼程序解决，通常适用公开、言辞、辩论、当事人主义及直接审理等各项原则。非讼案件系指对某项民事实体法律关系或民事权益不存在争议的案件。该类案件不存在对立的双方当事人或者不存在明确的双方当事人的对立状态，其目的并非解决民事纠纷，而是从法律上确认申请人是否享有某项民事权益或者某项民事法律事实是否存在。该类案件即适用民事非讼程序，通常采取不公开审理、书面、职权主义等原则，以提高效率。

根据上述分类及特点，股东申请公司强制清算属于民事非讼程序，因为在该类案件中并不存在对立的双方当事人。《公司法司法解释二》第四条规定，股东申请公司解散案件应以公司为被告，其他股东为第三人。同样，股东申请公司清算案件亦应以公司为被告，其他股东为第三人。而作为原告的股东与公司之间并不存在对立，其目的是确认公司解散或者清算这一法律事实是否存在。

我国没有单独的民事非讼程序立法，《民事诉讼法》所规定的“特别程序”，包括选民资格案件、宣告失踪或宣告死亡案件等，以及公示催告程序、督促程序等，均属于民事非讼程序。2007 年《民事诉讼法》修改前，第十九章规定“企业法人破产还债程序”亦属于民事非讼程序，但在《民事诉讼法》修改后，破产清算程序已经由《企业破产法》专门予以规制，故《企业破产法》亦属于民事非讼程序，并采取了破产程序与实体规定合二为一的立法模式。此外，《中华人民共和国海事诉讼特别程序法》也规定了部分民事非讼程序，例如，船舶优先权催告程序和设立海事赔偿责任限制基金程序等。

（二）股东申请公司强制清算与其他清算类型的区别

1. 清算原因和目的不同

公司自行清算系依据股东之间的合意，在决定公司解散后自行组织清算，通常能顺利完成。

股东申请公司强制清算的原因系出现公司僵局（包括股东僵局和董事会僵局），经营发生严重困难，法院应股东申请判决公司解散及自行清算不能后，依股东申请，强制进行清算，其出发点和直接目的是解决公司僵局，保障不实际控制公司的股东的利益。

债权人申请公司强制清算系债权人为保护其利益而向法院提出的申请，而在我国目前的司法实践中，债权人申请强制清算的目的往往不是为了直接获得债权清偿，而是为了追究清算义务人的清算。

破产清算的直接原因是公司无法清偿到期债务，其目的系为公平清偿债权人之债务，保障公司债权人及股东的合法权益。

2. 基本原则和价值取向不同

依据《清算纪要》，公司强制清算的基本原则是“既要充分保护债权人利益，又要兼顾职工利益、股东利益和社会利益”，采取“利益均衡原则”。但股东申请公司强制清算时，因默认公司“资可抵债”，故应以债权人利益保护为核心和价值取向，“效率优先、兼顾公平”。

破产清算将公平清理债权债务放在首要位置，强调对同一顺序债权人的平等保护。根据《企业破产法》第一条的规定，《企业破产法》的立法目的是“公平清理债权债务，保护债权人和债务人的合法权益，维护社会主义市场经济秩序”。

3. 司法机关参与程度不同

自行清算因系股东自行组织及完成，司法机关并不参与。

公司强制清算系在法院主持和监督下进行完成，但具体工作由清算组完成。

破产清算系在法院主导下进行，虽然有破产管理人、债权人会议等参与，但法院主导破产清算过程。

二、股东申请公司强制清算的法律内涵

有关股东申请公司强制清算的特征、类型等，理论界多有研究，但该等研究基本属于对其“外延”的研究，并通过“外延”的研究归纳其概念，而对于其法律内涵是什么，理论界的研究成果并不多。

李磊在所著的《公司司法清算法理与制度研究——以利益平衡为视角》（2014年版）中，对股东申请公司强制清算的法律内涵，从民法视角和公司法视角进行了分析。李磊认为，从民法视角上来说，应当承认“法人拟制说”“否认法人有行为能力”“承认法人机关的代理性质”，并认为公司强制清算系“法定变更代理”，即公司解散后，其代理人由公司的董事会、监事会及经理层变更为法院指定的人员，且代理权限、代理内容均进行了变更。从公司法视角来说，按照“企业契约”理论，公司“乃一系列合同联结”，故“公司清算可以解释为公司控制权根据‘剩余’不同而在不同主体间进行的转换”。

李磊的上述研究成果系将经济学的不完整契约理论引入公司清算法律研究，为我们提供了一个全新的视角。笔者也赞成李磊对股东申请公司强制清算的法律内涵分析。

笔者认为，公司僵局是公司治理失效的表现，出现该等情形的原因，正是由于公司股东之间的“不完整契约”所造成；如果公司股东之间在设立公司之时订有“完整契约”，预见及避免可能出现的公司僵局，则公司强制清算应可以避免。当然，这仅是一种愿望和理想。人虽有理性，但永远不可能穷尽或预见纷繁复杂的现实生活。因此，当出现严重影响当事人利益平衡的事件时，通过法律恢复平衡则是必需，这也是“利益平衡”理论在公司法中的运用。

三、股东申请公司清算中股东与债权人利益冲突分析

从法律地位上，股东系投资人，对公司拥有决策权、分红权和剩余分配权，而债权人仅对公司拥有债权①。因为公司及股东的有限责任制度，股东与债权人之间的利益冲突不可避免，并且该等冲突存在于公司的设立、运行、解散及清算等各个阶段。

股东申请公司强制清算，因属于“资可抵债”情况下的清算，故债权人的利益均能得到有效保护，债权人之间基本没有利益冲突。但股东因牵涉剩余财产的分配，故在股东与公司之间、股东与债权人之间、股东与股东之间存在直接的利益冲突，而因债权人与股东、公司的信息不对称，使债权人利益受到损害。

（一）股东与债权人利益冲突的根本原因

《公司法》第三条、第四条规定了公司及股东的有限责任制度，即公司以其全部资产、股东以其认缴的出资额或股份为限对公司承担责任。

公司及股东的有限责任制度伴随公司法人独立人格制度的形成、发展而确立起来，对于聚集资本和减少投资风险具有重要价值，对社会经济发展产生了极大的促进作用，公司已经成为社会经济生活的主要主体。

公司及股东的有限责任制度有其天然缺陷，使股东将其投资风险转嫁给债权人成为可能，这是股东与债权人冲突的根本原因。实践中，部分股东滥用公司及股东的有限责任，将公司资产和利润转移至股东名下；或者管理层等因内部人控制，掏空公司，导致公司倒闭。该等情形，均使债权人遭受严重损失。

因上述缺陷在公司的设立、运行直至结算与清算中均无法消除，故股东与债权人的利益冲突亦存在于公司的“一生”中。

（二）股东申请公司强制清算中与债权人的利益冲突表现

股东申请公司强制清算中，与债权人的利益冲突主要表现为以下几种情形：一是实际控制公司的股东不配合清算，拒不移交公司资产、账

①蒙露．股东清算义务人清算责任研究[D]．北京：中国政法大学，2020.

簿、文件等，导致清算不能或者不能及时清算；二是实际控制公司的股东转移公司财产或拒不提供财产线索，损害债权人利益；三是公司股东单独或合谋，以公司清算为由，阻止债权人执行。

四、《公司法司法解释二》及《清算纪要》对债权人利益保护的影响及评价

从我国目前的立法来看，《公司法司法解释二》和《清算纪要》系事实上的审理公司强制清算案件的法律依据。其中，《清算纪要》的第一条确定了法院审理公司强制清算案件的原则，即“程序公正原则”“清算效率原则”“利益均衡保护原则”。这些原则确立了公司强制清算的基本价值理念，对于保护债权人的利益具有积极的价值。但是，在我国市场机制不健全、商业信用体系不完善、公司清算立法尚属空白的情况下，上述原则也仅具宣示意义，且缺乏具体的制度设计支持，对债权人利益的保护力度远远不够。

（一）现行法律未确立债权人利益优先保护的价值理念

《公司法》第一条开宗明义地规定了其立法目的是“规范公司的组织和行为，保护公司、股东、职工和债权人的合法权益，完善中国特色现代企业制度，弘扬企业家精神，维护社会经济秩序，促进社会主义市场经济的发展”。显然，从立法者的本意上说，《公司法》的重要作用之一就是“保护公司、股东、职工和债权人的合法权益”。但是，《公司法》并未对“公司、股东、职工和债权人”利益出现冲突的情况应当如何予以保护、何种利益应当优先、其优先顺序如何等问题予以明确规定。《公司法》虽然规定了一系列的制度设计，以解决内部人控制、滥用公司及股东的有限责任等问题，但在股东申请公司强制清算时，是否对债权人的利益予以特别保护，法律并未予以规定。

笔者认为，股东申请公司强制清算过程中，应当对债权人利益予以优先保护。其原因在于，与债权人的利益相比，公司及股东的利益主要

属于其“私益”，而众多的债权人的利益，在很大程度上涉及社会不特定主体的“公益”和“共益”，且公司及股东与“外部”的债权人相比，其所得到的信息更加对称，因此在公司、股东保护自己的利益时，显然处于有利地位，司法实践中债权人的利益更加容易受到不法侵害，故应予以优先保护。

公司的债权人包括员工（劳动债权人）、政府和社会（国家债权人）、普通债权人，而普通债权人又分为有担保债权人和无担保债权人。对于上述债权人的利益应当如何保护，《企业破产法》第八十二条规定，破产清算时债权人的清偿先后顺序是有担保债权、劳动债权、税款（国家债权）和无担保债权。

股东申请公司强制清算中，对于上述债权应当采取何种优先顺序清偿，现行法律并未规定。如前所述，股东申请公司强制清算，其原因并不是公司资不抵债，而大多属于资可抵债、资能抵债的情形。很多时候，公司仍处于正常运营过程中，员工薪酬正常支付，政府税收正常缴纳，唯部分股东丧失对公司的控制权或管理权。

在此情形下笔者认为，《清算纪要》所确定的审理公司强制清算案件的“利益均衡保护原则”是“既要充分保护债权人利益，又要兼顾职工利益、股东利益和社会利益”，并不能有效保障债权人的利益。故在股东申请公司强制清算过程中，必须坚持以“债权人优先保护”为原则。

（二）强制清算实践中程序正义未得以体现

《清算纪要》虽然宣示“清算程序公正原则”，但由于立法本身即无详尽、规范的程序可以依据，故程序正义原则在股东申请公司强制清算过程中并未得以体现。其中很重要的一点是，缺乏债权人尤其是普通债权人的参与，立法上也没有安排普通债权人的参与机制。

（三）实践中强制清算效率欠佳

《清算纪要》虽然规定“坚持清算效率原则”，并“要严格按照法律规定及时有效地完成清算，保障债权人、股东等利害关系人的利益及时得到实现，避免因长期拖延清算给相关利害关系人造成不必要的损失，保障社会资源的有效利用”，但亦因法律及司法解释并未明确规定清算的时限及违反时限的后果，使其规定难以在实践中落实。

综上所述，现行《公司法》《公司法司法解释二》《清算纪要》等虽然确立了股东申请公司强制清算过程中债权人利益保护优先的一般原则，但由于缺乏细致的立法制度设计，债权人的利益事实上难以得到及时、有效的保护。

第二节 股东申请公司强制清算阻却强制执行程序问题

西安市中级人民法院受理股东申请公司强制清算案件的清算庭与审理执行异议复议的执行庭之间，就强制执行程序在股东申请公司强制清算程序中应否中止存在不同的理解。清算庭认为，根据2007年修订的《民事诉讼法》第二百三十二条第（四）项的规定及《清算纪要》第三十九条规定，应中止涉及债务人的民事执行程序，由债权人凭生效的法律文书向本院申报债权。执行庭则认为，法院宣布债务人解散、强制进行清算，法律没有规定强制清算就应中止执行，故执行行为并无不当。但因审查复议期间，审理强制清算案件的审判庭发出《中止执行通知》，要求中止民事执行程序，故支持了公司清算组的执行异议申请，使强制执行程序事实上中止。显而易见，同一法院内部的不同审判庭对《清算纪要》及股东申请公司强制执行程序应否阻却强制执行程序就存在截然相反的理解。对此问题，笔者认为亟须从法律上予以明确界定。

一、产生不同理解的原因：股东申请公司强制清算准用破产程序

《清算纪要》第十九条规定了“关于强制清算程序中对破产清算程序

的准用”，其具体规定为：“鉴于公司强制清算与破产清算在具体程序操作上的相似性，就公司法、公司法司法解释二，以及本强制清算座谈会纪要未予涉及的情形，如清算中公司的有关人员未依法妥善保管其占有和管理的财产、印章和账簿、文书资料，清算组未及时接管清算中公司的财产、印章和账簿、文书，清算中公司拒不向人民法院提交或者提交不真实的财产状况说明、债务清册、债权清册、有关财务会计报告以及职工工资的支付情况和社会保险费用的缴纳情况，清算中公司拒不向清算组移交财产、印章和账簿、文书等资料，或者伪造、销毁有关财产证据材料而使财产状况不明，股东未缴足出资、抽逃出资，以及公司董事、监事、高级管理人员非法侵占公司财产等，可参照企业破产法及其司法解释的有关规定处理。”

《清算纪要》第十九条规定的标题是“关于强制清算程序中对破产清算的准用”，并阐释了准用的原因是“鉴于公司强制清算与破产清算在具体程序操作上的相似性”，故“可参照企业破产法及其司法解释的有关规定处理”。然而，该条款又列举式规定了“准用破产清算程序”的相关情形。细查该等具体情形，实际系企业破产清算受阻情形下的法律责任问题。故在该等情形下，因为其后果都是导致公司清算不能，所以依据《企业破产法》及其司法解释追究相关责任人员的法律责任自是应当。但是，该条款又是一个“兜底条款”，即“就公司法、公司法司法解释二，以及本强制清算座谈会纪要未予涉及的情形”均可准用破产清算程序。由此，《企业破产法》顺理成章地成为股东申请强制清算案件的审理和裁判依据，破产清算程序的相关制度设计也被股东申请公司强制清算案件所吸纳，而破产清算程序阻却强制执行程序即其中之一。

《企业破产法》第十九条规定，“人民法院受理破产申请后，有关债务人财产的保全措施应当解除，执行程序应当中止”。该条规定就是破产清算对于保全及执行的阻却，是法定的阻却事由。

根据《清算纪要》第十九条，包括股东申请在内的公司强制清算程序准用破产清算程序。从上述规定的文义解释来看，公司进入强制清算程序后，保全及执行应中止。这也是出现前文所述案例中法院不同审判庭不同理解的原因。

二、公司强制清算程序阻却强制执行程序的不同理解和分歧

尽管有《清算纪要》第十九条的规定，但理论界和实务界对股东申请公司强制清算程序能否阻却强制执行程序有非常大的分歧。

（一）股东申请强制清算程序不是破产程序，无须参照企业破产法的规定中止强制执行程序

该种理解，以《最高人民法院民二庭负责人就审理公司强制清算案件工作强制清算座谈会纪要答记者问》中的观点和理由为代表，其理由是：强制清算程序以全额清偿债务为前提，而破产清算因不能全额清偿债务要按照一定的先后顺序清偿债务，对同一顺序的债务在破产财产不够清偿时是按照比例进行清偿[①]。由于强制清算程序启动的前提是公司财产尚足以偿还全部债务，因此，强制清算程序的启动不具有冻结清算中公司财产的效力，对于强制清算中公司的给付之诉和强制执行等原则上不具有停止功能。而破产清算因其启动的前提是公司财产不足以偿还全部债务，因此，破产清算程序一旦启动，所有针对破产企业的给付之诉不得再行提起，对于申报债权过程中所产生的争议只能提起破产债权的确认诉讼；所有针对破产企业的保全措施应当解除，执行程序应当中止，所有债权债务关系一并归入破产清算程序中解决，以此保障全体债权人的公平受偿。

上述观点应系代表最高人民法院的官方意见，部分地方法院也持同样的观点，亦按此执行。例如，浙江省高级人民法院《关于审理公司强制清算案件若干问题的纪要》第七条对“强制清算程序中涉及财产保全、执行措施和衍生诉讼管辖的相关事项”规定，“强制清算案件后，不产生

①王志永．股东申请公司强制清算中的债权人利益保护[D]．上海：华东政法大学，2015.

解除对被申请人财产保全和中止对被申请人财产执行的效力。为了依法顺利推进强制清算程序，受理强制清算案件的人民法院可以与采取财产保全措施和执行措施的人民法院和相关机构协商解决相关问题”。

（二）股东申请公司强制清算后，强制执行程序应予以中止

持该种意见的理由是，强制清算是由法院组织的，维护了多数债权人的合法权益，不能因为少数人的权益，而执行或者保全公司的财产，从而妨碍清算的顺利进行，并援引我国香港法例的规定，论证其合理性。同时，英国法律也规定，公司清理程序的开始也是中止执行的事由之一。故此，公司强制清算开始后，保全和执行应参照破产清算程序解除及中止。

从各地法院的司法实践来看，部分法院按照上述理解执行，但又有不同，举例如下。

深圳市中级人民法院《关于审理强制清算案件若干问题的指导意见》（2010年3月9日深圳市中级人民法院审判委员会第6次会议通过，2010年3月30日公布施行）第九条规定，“法院受理强制清算申请后，清算组在查清公司资产及负债情况前，不应对个别债权人进行清偿”。

北京市高级人民法院《关于审理公司强制清算案件操作规范（试行）》［北京市高级人民法院2009年第14次（总第241次）审判委员会讨论通过］第二十二条规定，“法院受理强制清算案件后，至清算组查清被申请人资产及负债情况前，有关被申请人财产的执行程序应当中止；执行法院不予中止的，受理强制清算申请的人民法院可以逐级报告执行法院的共同上级法院协调中止执行。清算组查清被申请人资产及负债情况，明确被申请人财产大于负债的，执行法院可以恢复执行，或者待强制清算中全额清偿债务后裁定终结执行程序；清算组查清被申请人资产及负债情况，发现被申请人财产不足清偿债务的，应当及时向人民法院申请破产清算。强制清算程序对被申请人特定财产享有担保物权的债权人的清偿执行可以继续进行”。

江苏省高级人民法院《关于审理公司强制清算案件若干问题的意见（试行）》（苏高法审委〔2009〕39号）第五十七条规定，“清算组在查清公司资产和负债之前，有关法院基于生效法律文书执行公司财产，可能影响清算程序进行，裁定启动强制清算程序的法院可以协调执行法院中止执行，执行法院应当中止执行”。

对比三个地方法院的司法政策规定，均认为公司强制清算可以阻却强制执行程序，在法院受理强制清算案件后，应中止民事强制执行程序，但北京市高级人民法院将担保物权的债权人的强制执行排除在外，认为可以继续执行。北京市高级人民法院规定，如执行法院不予中止的，由执行法院和强制清算法院的共同上级法院协调中止执行。江苏省高级人民法院则规定，由受理强制清算案件的法院协调执行法院予以中止执行。显而易见，各地方法院对该问题的意见亦不统一，且因上述规定仅是地方性司法政策，仅在其自身管辖法院范围执行，如出现执行法院和强制清算法院跨越其管辖区的，如无统一规定，则无法解决。

三、本书的倾向意见

本书倾向于第一种意见，即股东申请强制清算不能阻却强制执行程序，其理由如下。

（一）“准用”不是“适用”

“法典有明文规定得为类推适用者，谓之准用。”准用的前提条件是拟准用的案件类型与准用所指规范规制案件类型之间具有相似性，即《清算纪要》第十九条所称的“公司强制清算与破产清算在具体程序操作上的相似性”。但相似不是相同，且相似程度也存有差异，这些特质决定了采用准用这种立法技术时所生规范与拟规制内容之间并非总能高度契合，如果“仅对准用或参照予以概括授权，对系争案件具体应适用何种规定尚不得而知，其法律适用尚需在法律适用中基于类似性而予以寻找”，故依此方式获得的权利在适用中易产生盲点。

故此，将破产清算程序的相关制度设计直接适用于股东申请公司强制清算，显然是不恰当的，因为这两种清算程序不是同一种程序，虽有相似，但不相同，其原因就是两种清算程序所体现的价值取向不同。正如持第一种意见者所理解的，股东申请公司强制清算以公司“资可抵债”为前提，而破产清算以公司“资不抵债”为前提。股东申请公司强制清算时，包括股东、公司和债权人在内的各利益主体之间的矛盾相对缓和，其直接价值追求在于保护债权人利益的同时，保护股东、职工和社会的利益，且以保护债权人利益为优先；因默认公司“资可抵债”，故其对债权人利益的保护强度明显弱于破产清算。而在破产清算中，公司实际已经“资不抵债”，各利益主体的矛盾和冲突异常激烈。在此情形下，破产清算的直接价值追求在于对全体债权人的公平清偿，并以实体和程序予以保障，如公平清偿原则、管理人制度、债权人会议等。

（二）将法律所规定的“法院清盘”错误理解为等同于股东申请公司强制清算

仍以前述我国香港法例为例，根据我国香港法例的规定，“公司可由法院清盘的情况”主要包括“公司已借特别决议，议决公司由法院清盘”“公司在其成立为法团时起计一年内并无开始营业，或停业一整年”“公司并无成员”“公司无能力偿还其债项”“公司的章程细则订定某事件（如有的话）一旦发生则公司须予解散，而该事件已经发生”“法院认为将公司清盘是公正公平的”及“应提出将公司清盘”（主要系严重违反公司条例等情形）。

从上述规定来看，我国香港法例已经将“公司无能力偿还其债项”作为公司被“法院清盘”的一项原因，并规定了“无能力偿付债项的定义”，其中包括债权人胜诉的法院判决、命令全部或部分未得到执行。该项规定未区分未得到执行的原因（有偿还能力而不执行还是无偿还能力而无法执行），只要债权人的胜诉判决、命令未得到执行，债权人均可向法院申请法院清盘。上述情形并不包括本书所讨论的“股东申请公司强制清算”，在该等情形下通常不会发生“公司无能力偿还其债项”的情形。故此，我国香港法例所规定的“公司无能力偿还其债项”实际构成“破产清盘”的直接原因，《公司（清盘及杂项条文）条例》亦适用于公司破产清盘。故此，将我国香港法例的“法院清盘”等同于我国现行司法解释中的“公司强制清算”没有依据，两者并没有可比性。

（三）保障积极维护自己权利的债权人的利益是法律的价值取向

《企业破产法》之所以规定破产清算可以阻却强制执行程序，其制度设计的出发点是“公平清理债权债务”，以保障债权人的平等受偿权利，避免个别清偿给其他债权人带来损失。但法律不应保障懒惰的权利人和沉睡的权利人，对于不申报债权的，《企业破产法》亦不会予以保护。因此，从效率优先及保障积极主张权利的债权人利益的角度，不能因为将来可能会因为公司财产不能全部清偿债务而致部分债权人损失，而在股东申请公司强制清算过程中阻却强制执行程序，尤其是已经有财产保全或者担保物权的债权的强制执行。

效率优先、对积极主张债权的债权人利益予以优先保护，在《民事诉讼法》及执行程序的相关司法解释中已经有立法规定。《民事诉讼法》及《最高人民法院关于人民法院执行工作若干问题的规定（试行）》（以下简称“《执行规定》”）第九十条，规定了执行过程中的参与分配制度。对于已经有财产保全的债权，是否也可以参与分配，司法实践中存在争议。事实上，《执行规定》第九十条的规定仅针对法院在执行过程中依职权所查封、冻结的财产，而对已经申请财产保全的所查封、冻结的财产，其他债权人无权参与分配，否则将对申请财产保全的债权人不公平，其后果是没有人再向法院提出诉前或诉讼保全财产申请。因为提出保全财产申请的债权人付出了高昂的代价，结果却还是与未提出财产保全申请的债权人一样，按各自的债权比例参与分配。那么就有可能诱发债务人虚构欠他人债务、进行虚假诉讼，并由虚构的债权人凭执行依据申请参与分配。为纠正参与分配制度中的上述缺陷，全国人大常委会于

2007年10月28日对《民事诉讼法》进行了修订，删除了《民事诉讼法》（1991年）第二百零四条的全部内容；2008年12月24日发布最高人民法院《关于废止2007年底以前发布的有关司法解释（第七批）的决定》，废止了《最高人民法院关于适用〈中华人民共和国民事诉讼法〉若干问题的意见》第一百三十六条、第两百零五条、第两百零六条、第二百四十条、第二百九十九条。

（四）股东申请公司强制清算程序当然阻却强制执行程序时将无法排除股东们的道德风险

如果允许股东申请公司强制清算程序当然阻却强制执行程序，将无法排除股东的道德风险，那么股东单独或者合谋以股东申请强制清算阻却强制执行程序将严重损害债权人利益，尤其是在我国现行公司强制清算制度不具体、责任不明确的情况下更是如此。

故此，为保障债权人利益，强制执行程序等不因股东申请公司强制清算而中止应是基本原则；股东申请公司强制清算过程中，除非转入破产程序，否则不能中止强制执行程序，即强制执行程序因股东申请公司强制清算属于例外情形，仅因转入破产清算程序而中止。而强制清算程序如何转为破产清算程序，在强制执行不能情况下能否转为强制清算程序或者破产清算程序、相互之间如何衔接，又是棘手的问题。

当然，股东申请公司强制清算的前提条件——公司的“财产足以清偿全部债务”，仅是理想化的假设。在司法实践中，该等情况可能会出现，但也并不能排除股东申请公司强制清算时公司“财产不足以清偿全部债务”的可能性，否则也就不会出现公司强制清算向破产清算的转化。而且对于财产是否能够清偿全部债务的判断标准以及由谁来判断，现行法律及司法解释均不明确。但无论如何，如果有明确证据显示，在公司财产足以清偿且可以清偿全部债务的情况下，仍坚持公司强制清算可以或应当阻却强制执行程序，或者拒绝个别债权的清偿，显然缺乏足够的法理依据。从司法实践的效果来看，也背离了效率原则，不利于债权人的利益保护。

第三节　股东申请公司强制清算准用破产清算程序的再探讨

一、法院受理股东公司强制清算案件的现状

《清算纪要》对于公司强制清算案件的审理和债权人利益的保护起到了积极的推动作用。《清算纪要》规定了公司强制清算程序准用破产清算程序，使公司强制清算案件审理有了法律依据。但是，《清算纪要》发布后，公司强制清算案件并未爆发性地增长。

根据广州市中级人民法院课题组的调研数据，2008年至2013年6月，广东省19个地区中级人民法院受理公司强制清算案件167件，平均每个地区中级人民法院每年受理1.6件。广东省是我国经济发达省份，公司强制清算案件的受理数量，足可反映我国公司强制清算案件的审理状况。到2023年，除深圳受理的个人破产案件外，全省各级管理人新接受指定破产和强制清算案件2294件，办结2618件。近三年结案数才稳定高于收案数，清理久存案件的工作成效明显。

广州市中级人民法院的上述调研报告没有进一步区分是股东申请公司强制清算还是债权人申请公司强制清算，但根据深圳市南山区人民法院《关于公司强制清算案件若干问题的调研报告》，自《公司法司法解释二》和《清算纪要》施行以来，该院陆续收到了五宗当事人申请公司强制清算的案件，其中一宗案件是债权人申请公司强制清算的案件，其余四宗案件均为股东申请的公司强制清算案件。

根据法律规定，债权人及股东均可申请公司强制清算，但司法实践中债权人申请公司强制清算案件数量稀少。笔者认为，出现该等现象也符合常理和逻辑。一是债权人缺乏利益驱动，如果债务人有可供执行的

财产，债权人亦无须申请公司强制清算。二是债权人申请公司强制清算的投入产出不成比例。《清算纪要》规定，公司强制清算案件的申请费“以强制清算财产总额为基数，按照财产案件受理费标准减半计算”，最高不超过30万元，这对债权人而言，无疑是很大的负担。《清算纪要》虽规定“从被申请人财产中优先拨付”，但清算财产是否能够抵上清算费用本身就有很大的不确定性。根据广州市中级人民法院的调研报告，被强制清算公司大多数经营管理混乱、资产状况不清。三是公司强制清算程序准用破产程序，尤其是公司强制清算程序阻却强制执行程序的影响。债权人在有可供强制执行的财产情况下，断不可能再提请公司强制清算之诉。四是债权人申请公司强制清算的主要目的是追究《公司法司法解释二》第十八条所规定的股东、董事、实际控制人等清算义务人的清算责任，而不是公司强制清算本身。

综合以上分析，《清算纪要》所规定的公司强制清算制度并未有效保护债权人的利益，尤其是因未清晰认识强制清算和破产清算的不同而规定公司强制清算程序准用破产清算程序，严重侵害了债权人的利益，这在公司有可供执行的财产情况下，股东申请公司强制清算时更加突出。故此，有必要对《清算纪要》所规定的公司强制清算准用破产清算程序的制度设计进行检讨。

二、股东申请公司强制清算程序准用破产清算程序的范围

如前所述，股东申请公司强制清算与破产清算虽然存在相似，但因其与破产清算的价值取向不同，而无法直接适用破产清算程序，但因相似性的存在，有必要在吸收其合理之处的基础上，确定其应适用的清算程序。

《清算纪要》规定了强制清算程序准用破产清算程序，并列举式地规定了部分准用的程序。该等程序均属于清算组、公司及有关人员拒不配合清算等情形的处理程序，但对于破产清算的其他程序如何适用于股东申请公司强制清算程序并未明确。

破产清算的目的是解决债权人的公平受偿问题，并以此保护债权人的利益。虽然破产清算和强制清算启动原因不同，但两种程序均将债权人利益保护作为其目的之一。因此，在公司清算没有统一立法的情况下，破产清算制度中有关债权人利益保护的程序和制度，应当予以"准用"①。

具体来说，有学者认为，破产清算中的债权人会议制度、清算公告制度、债权申报制度及取回权、抵销权、担保权和优先权确认制度等，应适用于股东申请公司强制清算程序。但如前所述，破产清算程序阻却民事强制执行程序不应准用。

同时，鉴于股东申请公司强制清算的特殊目的及效率优先的价值目标，在适用破产清算程序过程中，需对相关程序予以适当调整，以满足其特殊目的和价值目标的实现。

三、股东申请公司强制清算程序准用破产清算程序应注意的问题

股东申请公司强制清算程序准用破产清算程序，应注意以下几个问题。

（一）法院强制执行程序和个别债务清偿在两个程序中的区别

《企业破产法》第十六条规定"人民法院受理破产申请后，债务人对个别债权人的债务清偿无效"，第十九条规定"人民法院受理破产申请后，有关债务人财产的保全措施应当解除，执行程序应当中止"。部分地方法院亦根据上述规定，将其适用于股东申请公司强制清算程序。

股东申请公司强制清算程序的前提是公司"资可抵债"，故在股东申请公司强制清算程序中，个别债务的清偿仍应为有效，执行程序亦不应中止。《公司法》第二百三十五条亦仅规定"在申报债权期间，清算组不得对债权人进行清偿"，对在债权申报期满后对债权人进行清偿并未限制。

①任福林．公司破产清算中股东责任问题研究[D]．哈尔滨：黑龙江大学，2022.

（二）清算组的指定

1.清算义务人的规定

《公司法》第二百三十二条明确将董事列为公司清算义务人。这一规定在立法上是首次明确，结束了之前公司相关立法中关于清算义务人相关规定的混乱和不确定状态。在经营实践中，这一变化将对公司治理结构、章程条款设计、董事会职权、董事和股东权利义务责任承担等产生重大影响。在审判实务中，该规定可能会根本改变之前有关股东承担清算责任相关案件的启动、责任主体及裁判思路，并进而需要就相关法律适用出台新的司法解释，或至少需要就当前司法解释进行修改。

2.清算组的组成

根据《公司法》第二百三十二条，公司因特定原因解散时，应当在十日内将解散事由通过国家企业信用信息公示系统予以公示。如果公司有前条第一款第一项、第二项情形，且尚未向股东分配财产的，可以通过修改公司章程或者经股东会决议而存续。公司因本法第二百二十九条第一款第一项、第二项、第四项、第五项规定而解散的，应当清算。清算组由董事组成，但是公司章程另有规定或者股东会决议另选他人的除外。

（三）清算公告与债权申报

《公司法》和《企业破产法》对于公司非破产清算（含股东申请公司强制清算）与破产清算程序中的清算公告与债权申报规定了不同的程序。

根据《公司法》第二百三十五条的规定，“清算组应当自成立之日起十日内通知债权人，并于六十日内在报纸上或者国家企业信用信息公示系统公告。债权人应当自接到通知书之日起三十日内，未接到通知书的自公告之日起四十五日内，向清算组申报其债权”。显然，股东申请公司强制清算程序中，清算公告系由清算组发出，且规定的期限较长，为60日。

根据《企业破产法》第十四条的规定，“人民法院应当自裁定受理破产申请之日起二十五日内通知已知债权人，并予以公告”。显然，破产清算中，清算公告系由法院发出，且需在裁定破产后二十五日内发出，期限较短。

股东申请公司强制清算程序中，建议适用《企业破产法》关于清算公告与债权申报的规定，以提高清算效率。

第四节　股东申请公司强制清算不能或不及时清算的法律责任问题

公司清算系由清算义务人根据法律规定，组成清算人（清算组织），由清算人对公司进行清算。司法实践中，法院受理股东申请公司强制清算后，公司清算通常并不会顺利，因各公司、股东与债权人等利益主体之间存在严重的利益冲突，导致清算不能或清算不及时。

出现该等情形的主要原因有两方面：一是清算义务人（股东、董事、实际控制人等），出于自身利益考量拒不配合，阻碍清算，使清算不能或不及时；二是清算人（清算组）不履行或者怠于履行其清算职责，致使清算不能或者不及时。因此，股东申请公司强制清算不能或及时的法律责任，也主要从上述两类人的责任进行考察。

依据《公司法》的规定，公司清算义务人为股东、董事或股东大会确定的人员，而清算人为清算组。因此，股东申请公司强制清算不能或不及时清算的法律责任，主要是清算义务人和清算人的责任。

一、清算义务人的法律责任

《公司法》中并未具体规定清算义务人的法律责任，最高人民法院在《公司法司法解释二》和《清算纪要》等司法解释中具体规定了清算义务人的法律责任。

（一）清算义务人怠于履行义务，导致债权人损失或无法清算的

《公司法司法解释二》第十八条规定："有限责任公司的股东、股份有限公司的董事和控股股东未在法定期限内成立清算组开始清算，导致公司财产贬值、流失、毁损或者灭失，债权人主张其在造成损失范围内对公司债务承担赔偿责任的，人民法院应依法予以支持。有限责任公司的股东、股份有限公司的董事和控股股东因怠于履行义务，导致公司主要财产、账册、重要文件等灭失，无法进行清算，债权人主张其对公司债务承担连带清偿责任的，人民法院应依法予以支持。上述情形系实际控制人原因造成，债权人主张实际控制人对公司债务承担相应民事责任的，人民法院应依法予以支持。"清算义务人未按照规定期限成立清算组开始清算，导致公司财产贬值、流失、毁损或灭失，造成债权人损失的，应予以赔偿；清算义务人怠于履行义务，导致公司主要财产、账册、重要文件等灭失，无法进行清算，需对债权人承担连带清偿责任。

（二）对于清算义务人拒不移交公司财产、账册等，导致清算不能的

《清算纪要》第十九条规定，该等情形可参照《企业破产法》及其司法解释的有关规定处理。《企业破产法》第一百二十七条规定："债务人违反本法规定，拒不向人民法院提交或者提交不真实的财产状况说明、债务清册、债权清册、有关财务会计报告以及职工工资的支付情况和社会保险费用的缴纳情况的，人民法院可以对直接责任人员依法处以罚款。债务人违反本法规定，拒不向管理人移交财产、印章和账簿、文书等资料的，或者伪造、销毁有关财产证据材料而使财产状况不明的，人民法院可以对直接责任人员依法处以罚款。"第一百三十一条规定："违反本法规定，构成犯罪的，依法追究刑事责任。"据此，法院可对"直接责任人"罚款；构成犯罪的，依法追究刑事责任。

最高人民法院《关于正确审理企业破产案件为维护市场经济秩序提供司法保障若干问题的意见》（法发〔2009〕36号）第十六条规定："人

民法院在审理债务人人员下落不明或财产状况不清的破产案件时，要从充分保障债权人合法利益的角度出发，在对债务人的法定代表人、财务管理人员、其他经营管理人员，以及出资人等进行释明，或者采取相应罚款、训诫、拘留等强制措施后，债务人仍不向人民法院提交有关材料或者不提交全部材料，影响清算顺利进行的，人民法院就现有财产对已知债权进行公平清偿并裁定终结清算程序后，应当告知债权人可以另行提起诉讼要求有责任的有限责任公司股东、股份有限公司董事、控股股东，以及实际控制人等清算义务人对债务人的债务承担清偿责任。”

股东申请公司强制清算程序中，因公司僵局而产生，股东不予配合的情况大量存在，但并不能因此而损害债权人的利益。最高人民法院的司法解释虽然明确了负有责任的清算义务人对公司债务承担清偿责任，但又规定债权人需另行提起诉讼，增加了诉讼成本、拖延了时间、增加了债权人的负担。因此，对于已经进入执行程序的债权人，如清算法院认定系因清算义务人拒不配合导致无法清算或者无法全面清算的，建议直接依债权人申请，追加为被执行人，以提高效率，保护债权人利益。

二、清算人的法律责任

（一）现行法的规定

《公司法》第二百三十八条规定，清算组成员履行清算职责，负有忠实义务和勤勉义务。清算组成员怠于履行清算职责，给公司造成损失的，应当赔偿责任；因故意或者重大过失给债权人造成损失的，应当承担赔偿责任。《公司法司法解释二》第十一条第二款、第十五条第二款、第二十三条对清算组成员的赔偿责任又作了进一步的细化规定。

从上述规定的内容来看，《公司法》要求清算人对公司及债权人承担忠实义务和勤勉义务，其责任类似于公司董事、监事和高级管理人员。但是，清算人对于公司强制清算不能或不及时清算应当承担何种责任，《公司法》及相关司法解释并未予以规定。《公司法》和《公司法司法解释二》所规定的清算组成员的赔偿责任，仅限于故意或者重大过失给债权人造成损失的情形。

（二）清算人对清算不能或者不及时清算的责任

本书认为，清算人对公司清算不能或不及时清算亦应承担责任，但该等责任亦限于法律所规定的范围，并与其职权相适用，以达到责、权、利平衡。

《公司法》第二百三十四条规定了清算组的职权：清理公司财产，分别编制资产负债表和财产清单；通知、公告债权人；处理与清算有关的公司未了结的业务；清缴所欠税款以及清算过程中产生的税款；清理债权、债务；分配公司清偿债务后的剩余财产；代表公司参与民事诉讼活动。第二百三十六条规定，清算组在清理公司财产、编制资产负债表和财产清单后，应当制订清算方案，并报股东会或者人民法院确认。

清算组的上述职权既是其权利，也是其义务和职责。如清算组不行使或不及时行使上述职权，均将使公司强制清算不能或不及时，并害及债权人的利益。故而凡清算组怠于行使其职权的，均应承担相应的责任，该等责任的法律依据，就是《公司法》所规定的清算人的勤勉义务。

《公司法司法解释二》第十六条规定，人民法院组织清算的，清算组应当自成立之日起六个月内清算完毕。因特殊情况无法在六个月内完成清算的，清算组应当向人民法院申请延长。根据该条规定，如在此期限内不能清算完毕的，除非清算组已竭尽其勤勉义务，否则清算组应承担清算不能或者不及时清算的责任。

《公司法》第二百三十五条规定了清算组通知、公告债权人的期限。因此，如清算组未按照规定期限通知、公告债权人的，也应承担责任。

除此之外，《公司法》及相关司法解释对于清算组行使职权的期限规定再无详细规定，有待于立法或司法解释进一步明确。

三、“强制清算不能”对股东权利的影响

我们先了解一下“强制清算不能”的概念界定。公司强制清算制度是建立在人民法院依申请人申请，在全面掌握被申请人公司财务、财产

状况的基础上，对公司主体涉及的所有法律关系概括、彻底地进行清理，使公司债权人的债权得以清偿，使公司对外的债权得以追讨，使股东能够公平地对剩余财产进行分配的司法活动。司法审判实践中的清算不能，具体包括无法清算及无法全面清算两个方面。

第一，无法清算。无法清算是一种公司清算阶段的事实状态，指的是在法院主导的强制清算程序中，经依法成立的清算组清理、查证后，体现标的公司客观经营活动的公司账册或者体现公司经营决策的文件毁损灭失不复存在，致使公司正常清算活动无法开展的一种特殊状态。这种状态有可能是终局性的，也有可能是阶段性的，甚至可能是一种假象。因公司的整个经营管理行为是建立在公司内部账册、重要文件等基础之上，在公司账册、重要文件因积极作为或消极不作为灭失的情况下，公司在客观实际上是否拥有货币资金、固定资产、对外债权债务、对外投资等就无法查证。此时纵使清算义务人主观上欲开展清算活动从而了结公司权利义务，或是法院依法指定清算组对公司进行清算，但客观上亦无法完成，导致清算僵局的产生，最后的结果只能在司法机关主导的清算程序中以无法清算为结论并裁定终结整个清算程序。从终结程序的性质来说其是一种申请行为在客观上得不到实现而导致的司法困境[①]。

第二，无法全面清算。强制清算程序中，经清算组清理、查证后，公司仅能提供经营管理的部分账册、重要文件或公司资产，如只存有公司经营管理期限内部分年度的财务会计账册及文件，或根据公司账册、重要文件载明的属于公司的资产现已下落不明、无从查证，再或是进入强制清算程序后，清算组初步清查后公司无账册、重要文件及财产，但经法院向直接责任人释明责任或采取民事制裁措施后，直接责任人基于对追责的畏惧心理，提供了公司部分的账册、重要文件及财产。此时公司的资产状况处于半确定状态，因公司清算制度是建立在全面清理公司

①张彬．论有限公司强制清算不能时中小股东权利的救济[D]．昆明：云南大学，2015.

权利义务关系，从而规范地退出市场竞争机制的基础上，根据不完整的公司资产状况，公司的整个权利义务关系无法在清算程序中概括了结，此时仅能依据现有查证的客观事实情况，能针对部分权利义务概括了结的，应当根据《清算纪要》第二十八条的规定处理。具体的分配规则应当参照适用企业破产清算程序中的规定，首先在自己申报债权的债权人中进行公平清偿，之后法院裁定终结公司强制清算程序。

（一）股东权益受损的概念界定

股东作为标的公司的投资者，其与公司之间的财产关系主要包含在公司设立阶段或运行中依照法律规定或公司章程对公司缴纳出资，在公司经营管理过程中获取盈余分配，在公司清算阶段对依法履行清算义务并享有对公司剩余财产进行分配等方面的关系。有限公司的经营过程中，因公司股东人数、所持股权份额的不同，不可能全部股东均参与公司的经营管理。其经营掌握在控股股东手中，公司中小股东往往不涉及具体的经营行为，公司的重大经营决策与其无关，两者之间存在明显的经济实力的不对等、信息方面的不对称及成本外部化程度及资源单方先行转移的差异性。当公司最终到清算阶段时，在因公司控股股东或实际控制人的作为或不作为行为导致公司账册、重要文件及财产灭失的情形下，不能参与公司实际经营管理的这一部分股东对公司情况的不掌控，就会使其对公司享有的剩余财产分配权无从行使，最终公司主体消灭后其权利义务关系也就随之消灭。如果在公司清算程序中不对股东的权利义务关系作出界定，公司主体消灭后其可能会对公司外债承担连带清偿责任。

（二）股东受损的权益客体

1.清算义务的履行不能

清算义务作为一种行为义务，在有限公司的框架内，指的是作为在公司清算阶段清算义务人的公司全体股东，均负有对公司资产及债权债务关系清理的一种积极作为义务。当公司在强制清算中因控股股东、实际控制人的原因导致公司无账册、无文件、无财产的情况下，公司的其余股东意欲积极履行清算义务从而消灭债权债务关系的意图及行动就无法实现，虽然其在清算中积极地做了核查工作，调查相应财产线索，但终究不能对公司清算起到推动作用。此时，就产生了基于控股股东、实际控制人原因导致的股东清算义务履行不能。

2.剩余财产分配权的丧失

当出现公司清算不能的后果时，作为中小股东来说，对其产生的最直接影响就是对公司剩余财产分配权的丧失。公司剩余财产的概念主要包含公司的货币资金、固定资产、对外债权、对外投资等财产性权利，清算不能对公司资产、对外债务、对外债权、公司具体交易明细等情况通过司法调查程序均无从查证，清算程序无法继续只能终结。在司法强制清算程序中，法院作出清算不能而终结的决定也只是基于对公司没有资产及没有负债的一种推定，但此种法律推定结论与客观现实状态有可能存在着差异，即有可能在现实中标的公司仍然存在资产，且这种状态是因为控股股东、实际控制人的主观因素造成的，这势必导致公司中小股东投资后的期待收益落空，对其明显不公平。

3.基于股东身份的连带赔偿责任

我国当前公司法律制度关于对外的清算责任承担并未严格意义上地区分控股股东和公司其余股东，而是将两者作为一个整体对外承担责任。现行公司法在对不履行清算义务需要承担责任的主体的表述中，笼统地表述为“有限责任公司的股东”，不难看出当公司清算公司债权人不能承担责任时，是不区分控股股东和其他中小股东的。对此学术界曾有人提出，此时的责任主体因“怠于履行义务、导致无法清算”等词而应作限缩解释，即真正承担损害赔偿责任的主体应当理解为怠于履行清算义务的股东。对此本书亦认为，笼统地将公司清算不能的损害赔偿后果加于公司全部股东的观点违反了法律的基本原则。无论控股股东或是一般股东，其基于投资关系与公司之间产生法律关系，在公司进入清算环节后两者均负有法律规则规定的清算义务，该义务性质为股东积极作为履行的行为性义务，主观性在于公司股东。当公司股东在清算中意欲履行清算义务，但系基于公司经营管理主体的不同，或是控股股东、实际控制人的原因导致账册、重要文件毁损灭失而无法履行时，不能涵盖公司所有股东均怠于履行义务。同时，基于目前我国有限公司法律制度的基础框架，股东仅以其出资额为限对公司的对外债务承担有限责任，笼统地将清算不能的责任全部归咎于全体股东时，无疑对公司制度中“揭开公司面纱”的行为带来权利滥用的基础，打破了有限责任机制的初衷，故在清算程序中分清责任主体，厘清权利义务相对方，是妥善解决各方利益诉求的关键。但《公司法》对公司的各股东怎样自证自身的无过错而不应承担责任并未作出规定，导致了目前司法审判实践中认识的不统一。股东如何举证证明自身的免责，法院如何把握股东免责的尺度，各地做法不尽相同。故公司清算不能时，债权人的做法往往是把公司全体股东作为被告并要求其承担连带责任，导致股东可能基于非自身原因的清算不能后果需要赔偿。

四、强制清算不能时股东权利保护存在的问题

（一）现行法律制度对股东权利保护的不足

对于成文法国家而言，法律法规的制定往往滞后于客观现实中层出不穷的各类新问题、新矛盾。我国现行公司法律制度对于强制清算不能时股东权利保护及救济的规定尚存在不足之处，主要体现为以下几点。

1.债权人启动强制清算时股东权利的保险衔接问题

公司法定解散事由出现或决议解散后，权利人向法院申请强制清算公司主要表现为公司逾期未清算、拖延清算、违法清算三种情形，权利人包括公司债权人及股东。如上所述，债权人申请公司强制清算的目的在于清查公司资产从而满足自身债权的实现。而股东的目的则有两点：一是履行其清算义务人的法定义务，使公司了结债权债务后正常退出市

场；二是在公司权利义务了结的基础上，对公司尚存财产按照股东投资比例分配。债权人提出强制清算程序中，出现公司账册、文件毁损灭失或是标的公司相关责任人员下落不明的情况时，将出现公司财产无从查证的困境，法院需终结清算程序，对于权利人权利的实现应当找公司实际控制主体去主张。股东启动强制清算程序的，出现上述情形的做法通常也是法院在终结裁定中载明股东可主张权利的确权性说明。基于权利主体的不同，司法解释针对强制清算的启动规定了不同的启动主体及基于不同主体启动的相应处理方式。当债权人启动程序时，公司股东、实际控制人等如何加入强制清算程序、处于何种法律地位、怎样主张自身权利并获得司法层面的确认，目前我国法律法规均未作明确规定，仅是在《清算纪要》第十条中规定召开强制清算听证会时，股东及实际控制人等申请参加的，法院应予准许。该规定仅限定在听证阶段且还需权利人依申请而允许，无疑对股东主张权利没有实质性的帮助。因进入清算是一个公司即将消亡的最后步骤，公司清算仅是在同一个程序解决而非多个不同程序，如何在公司即将消亡的清算程序中，全面地保护各方利益主体的权益及权利请求，串联解决公司的权利义务关系，是从公司法律制度的立法层面需要面对及解决的问题。

2. 控股股东概念及其信任义务判断标准的模糊

《公司法》第二百六十五条从公司股权比例及份额的角度对控股股东概念进行了界定，但是该定义没有涵盖那些“出资额占有限责任公司资本总额份额虽不是最大或者可能还比较小，但通过其他股东的表决权信托、代理甚或是股东投票的横向联合而荣膺控制股东地位”的中小股东。此时如果仅根据以股权份额界定的控股股东概念来承担责任，并不能囊括所有的责任义务主体，因此有必要对控股股东的概念再进一步扩展解释，在现有控股股东概念的基础上囊括控制股东这一概念，在纯粹以股权份额大小判断控股股东的基础上，强调出对公司各种事务享有实际控制权的主体。同时对于股东的信义义务，虽然《公司法》第二十一条规定了股东的信义义务，但不足之处在于它仅是一个概括性的条款，并没有像董事信义义务一样地作出具体规定，具体的忠实勤勉义务及合理注意义务并未明确，法律适用上便缺乏对控制股东信义义务的具体评判标准，制度上的歧视会给实践中带来法律适用上的困难。

（二）司法审判实务中股东权利保护的疑难问题

1.股东主张权益的范围与边界

强制清算不能时债权人的债权清偿责任由导致清算不能的股东、实际控制人承担连带清偿责任，因债权人的债权范畴是确定的，即债权人得以主张的债权数额是固定的，故债权人主张权利在司法层面不存在争议。但权利受损的公司中小股东主张损害赔偿责任时，之前法院终结强制清算程序的裁定只载明了其可主张“有关权利”，但此种“有关权利”到底包含了哪些权利、权利的范围大小的边界如何界定在法律上均未作明确规定。实际上法律对于该权利的界定是模糊的，司法审判实践中如何对“有关权利”进行法律适用便增加了难度。同时，概念的不清也导致股东自身在主张权利时不知何去何从。通常情况下，大部分股东起诉控股股东、实际控制主体承担责任主要包括股东对公司的出资款，部分股东也同时主张在强制清算程序中垫付的强制清算费及因股东与控股股东、实际控制人之间因之前的诉讼产生的诉讼费用等。对于上述各项不同性质的权利主张，法院在裁判时能否支持也是目前实践中存在的问题。

2.举证责任的分配

在强制清算中，如果控股股东等能将账册文件提供，就能正常清算公司并了结权利义务关系。也正是由于控股股东、实际控制人的原因导致公司账簿、重要文件、财产等在清算程序中均未出现或未完全出现，最终清算不能。在清算不能的情况下，由于公司在正常经营中或解散后的控制权往往掌控在控股股东或实际控制人手中，公司财务会计账簿等重要文件均由其掌握，向控股股东等主张权利的中小股东属于“局外人”，离证据的距离较远，举证能力非常弱。如果按照民事诉讼谁主张谁举证的原则，起诉的股东基本难以完成对这些赔偿要件的举证，导致诉讼请求被驳回。最高人民法院提出了“在强制清算案件中如何正确分配维权股东的举证责任，决定着公司法及司法解释规定的清算赔偿责任能否落到实处的观点”，要求在审判实践中需要根据案件的具体情况对举证责任的划分进行综合判断。

3. 第三人侵权导致清算不能时股东权利的保护

由于公司因控股股东或实际控制人的行为无法清算，公司其余中小股东的法律维权不存在障碍，但当公司账册、重要文件灭失毁损系因第三人侵权行为所致的情况下，虽然公司控股股东等以及实际控制主体主观上意欲积极履行自身清算义务，意图对公司的剩余财产进行分配，但在客观事实上公司文件已基于第三人的侵权行为而灭失，公司清算程序势必无法继续而终结。在此种情形下清算终结后股东该如何主张自身的权利？此时介入了第三人的侵权行为因素，而非控股股东或实际控制人的原因导致清算不能。从侵权行为的相对性来说，第三人的侵权行为只是导致公司账册、重要文件毁损灭失，侵害的是公司主体的财产权利，此侵权行为在清算不能时与股东的剩余财产分配权之间又是否具有直接的关联性，并需要在强制清算程序中解决，是审判实践中的疑难问题。

4. 股东权益保护的时效性问题

审判实践中，因公司诉讼案件的特殊性，部分公司在最终由权利人申请进入司法强制清算程序之前，各方权利义务主体可能已因各类涉及公司诉讼的纠纷诉诸法院，如起诉确认股东身份、要求分配公司盈余、确认股东会决议效力、要求司法强制解散公司等，在法院已经形成了系统的诉讼。现实中许多强制清算案件系因公司经营管理困难，公司治理框架内股东矛盾冲突，在法院判决司法强制解散公司后而提起的，当申请人最终提出强制清算申请时，法院可能在之前的各类诉讼中已对该标的公司的大致情况有所掌握，包括标的公司经营管理情况、财产账目情况等。最终公司因关联纠纷进入强制清算后，在法院充分掌握公司情况的基础上，如何在受理清算后及时高效地推动程序的完结，让权利人的权利及时地得到保障，避免在强制清算程序中做大量工作最终还是得出清算不能的结论，是审判实践中要考量的问题；同时，股东依据法院终结强制清算裁定向控股股东、实时控制人主张权利的诉讼时效如何计算，亦是审判实践中需要考量的问题。

第五章 公司强制清算中债权人的利益保护

第一节 公司强制清算中债权人利益保护存在的问题

一、公司强制清算制度中与债权人保护有关的核心价值

法律制度的价值是指法律制度在理论和实践中的效果。现代公司制度的价值在于维护公司相关各方主体间利益的平衡，追求公平与效益。而公司强制清算制度作为清理公司债务的一项重要法律制度，可以有效保护债权人以及其他利害关系人的利益。公司强制清算制度的法的价值主要表现在以下几个方面。

（一）强制清算制度的正义价值

正义是法律所追求的核心价值和目的，也是评价法律制度是否完善的重要指标。公司强制清算制度通过正义的程序，来实现公平的结果。强制清算制度根据内容来界定，主要是一种程序制度。为了实现法律制度的正义价值，强制清算制度中设计了一系列正当程序，尽量使利害关系人的各自利益获得公平对待。如清算组成员的选任、清算财产的清偿

顺序、按比例清偿债权人的规则、司法干预等，设计这些制度都是为了保障债权人及其他利害关系人的利益获得公平受偿。

强制清算制度的正义价值主要体现在对债权人的利益分配是否公允、每个债权人能否公平受偿。强制清算制度的目的是平等保护公司债权人的合法债权，从而使债权人的债权得以公正受偿。

但一般情况下，具体执行强制清算事务的是清算组，债权人由于不参与清算程序，其利益极易受损。所以，债权的实现离不开公权力的监督。实现法律的正义价值，非但要求法律本身要有良好的分配正义，而且需要国家强制力作为后盾。

（二）强制清算制度的秩序价值

法的秩序价值，是法所要实现的最基本的价值之一，它构成法律调整的出发点，也是法律所要实现的其他价值的基础，秩序的维护永远是法律调整的首要任务。强制清算制度的秩序价值体现在通过清理公司资产、了结公司债权债务，维护社会稳定，确保公司退出市场过程中的交易安全。公司的终止关系到债权人以及其他利害关系人，如果公司在注销前未经合法清算，公司的各种债权债务关系就无法了结，债权人以及其他利害关系人的合法权益也无法实现，这些利害关系人的债务清偿也必然受到影响，如此产生的蝴蝶效应，将不利于社会的稳定。

对于保护债权人利益来说，强制清算制度的秩序价值主要体现在两个方面：一方面，要求清算事务的执行必须井然有序，保证公司正常的债务清偿工作，了结债权债务，保障债权人得以公平受偿；另一方面，要求交易安全，当公司进入强制清算程序后，不得出现诸如私分、隐匿、转让财产或非正常压价出售财产等有损债权人利益的行为。同时，应当公示公司进入强制清算程序这一事实状态，使债权人和第三人及时得知这一消息，以免殃及不知情的第三人，保障交易安全。

（三）强制清算制度的利益价值

法的利益价值是法所追求的基本价值之一，法对社会的控制和调控主要是通过调控利益关系实现的。公司法律制度主要是基于平衡股东和债权人之间的利益关系而设计的。为了保护股东利益不受损害，法律设置了有限责任原则和法人人格独立制度。然而，有限责任原则虽然最大限度地保护了股东的利益，但对公司债权人造成了极大侵犯。当公司资不抵债时，损失最多的不是股东而是债权人，因为有限责任原则可以帮助股东躲避债权人的追究。可见，有限责任原则是以牺牲债权人的利益为代价来保护股东利益的。因此，为了平衡对债权人利益的保护，法律也设立了相关制度，其中，公司退出市场的强制清算制度就是一个典型的例子。强制清算制度的设立就是为了保护债权人，以平衡股东利益和债权人利益。

如上所述，公司退出市场时，最大的受害人是债权人而非股东。因此，保障公司债权人的利益是公司强制清算制度的一个重要内容，也是设立强制清算制度的目标。各国公司清算法律制度都明确规定，在没有全面清偿债权人的债权之前，清算人不得向公司股东分配剩余财产。因此，公司强制清算制度的利益价值在于保护债权人。理由如下。

首先，股东有限责任原则的确立最大限度地保护了股东利益，但也最大限度地损害了债权人的利益，对于债权人显失公平。为了平衡该原则给债权人带来的损害，就需要设置合理的市场退出机制，从而保护债权人。公司强制清算制度恰恰是法律为保护债权人而设计的，以免股东滥用有限责任原则和法人人格独立制度。

其次，由于债权人无法参与到公司的经营管理过程中，接触不到公司的资产状况和管理信息，明显与股东信息不对称。因此，公司强制清算制度有必要保护公司债权人。在强制清算制度中，为了扭转债权人所掌握信息量的不足，应规定债权人启动和参与强制清算程序的权利、对公司资产和债权债务的知情权、对清算事务执行情况的监督权等，提升债权人的地位，帮助其掌握更大的信息量，从而保护债权人利益。这也体现了强制清算制度对公司社会责任的要求。所谓公司的社会责任，是指公司不能仅仅以盈利作为自己的唯一目的，还应当尽自己所能去关怀和增加其他社会利益，如消费者利益、职工利益、债权人利益、环境利益、中小竞争者利益、地方利益、社会弱势群体利益及整个社会公共利益等内容。

综上所述，公司强制清算制度的主要目的在于公司债权人的债权公平公正受偿。所以，公司强制清算制度的根本价值是要保护公司债权人的利益，公司强制清算制度的设置应体现债权人保护这一内在价值。

二、我国强制清算及其发展趋势

公司强制清算案件即非破产清算案件，在性质上属于非讼案件。强制清算制度中公告程序是首要的法定程序之一，也是所有强制清算案件的必经程序，对债权人的保护具有非常重要的意义。《公司法》规定清算应当在报纸上进行公告，但是在司法实践中随着近年网络平台适用的广泛和便捷，承办法院往往采用通过全国人民法院公告网公示。因此通过对人民法院公告网中强制清算公告的分析，能够比较客观地反映目前我国强制清算案件的现状，近两年公告数量的变化趋势也能从一个侧面反映出强制清算案件的发展趋势。

（一）近年来我国强制清算案件的数量

1. 总体趋势

近年来，随着市场经济的发展和法律制度的完善，我国强制清算案件的数量逐年增加。这反映了市场经济环境下，企业因经营不善、资不抵债等原因而需要进行清算的情况日益增多。

2. 具体数据

以重庆为例，重庆破产法庭发布的《2023年度破产审判白皮书》显示，2023年新收强制清算申请审查案件157件，占比8.65%；强制清算案件107件，占比5.90%。而2022年新收强制清算案件1034件，较2021年增长了50.95%。

在宿迁，2021—2022年全市法院共受理强制清算案件1719件，审结1721件。其中，2022年新收强制清算案件1034件，较2021年增长了50.95%。

从更宏观的角度看，虽然全国范围内的具体数据难以一一列举，但根据各地法院发布的破产审判白皮书和相关统计数据，可以推断出全国强制清算案件的数量也在逐年增长。

（二）公司强制清算公告分类（以公告为视角）

为了进一步发现清算程序中可能存在的问题，笔者对2017年整年的公告类别、主体、期间、内容等又进行了细致的分层分析。抽取2017年全部清算公告共278件进行公告类别和地域总体情况分析。

1.数据来源说明

笔者从人民法院公告网以"强制清算"为关键词对强制清算公告进行检索，共计检索出2017年1月1日至2017年12月31日强制清算公告278件，其中27件强制清算公告属同一强制清算案件在不同阶段的强制清算公告，即同期在人民法院公告网上发布的强制清算公告案件数量为251件。

（1）以公告类型为视角

依照强制清算公告的类型，对强制清算公告进行分类，具体如表5-1所示。

表5-1　清算公告类别分析

类别	债权申报	不予受理	交付内容	公告送达	终结清算	其他
数量（件）	182	2	23	11	51	9
占比（%）	72.51	0.80	9.16	4.38	20.32	3.59

注：如前所述，同期强制清算案件为251件，因本表系对清算公告的类型进行分析，存在同一案件在不同阶段均出现的情况，故占比之和高于100%。

从表5-3可以看出，2017年全年债权申报公告为182件，而同期终结清算类公告仅为51件，同期债权公告数量为终结清算的3.57倍。

（2）以受理强制清算案件地域为视角

如前所述，2017年人民法院公告网受理强制公告278件，除去同一案件发布不同阶段的公告27件，公告载明的强制清算案件共计251件，其地域分布如表5-2所示。

表5-2　清算公告地域情况分析　单位：件

省份	安徽	北京	福建	广东	广西	贵州	海南	河北	河南	黑龙江	湖北	湖南	吉林	江苏	辽宁	山东	山西	陕西	上海	四川	天津	云南	浙江	重庆	山东
公告数	4	48	17	73	4	3	2	6	2	2	6	10	2	33	7	4	1	1	2	13	1	2	6	1	1

从地域分布看，北京、广东、江苏占全部强制清算公告的61.35%，西部几个地区为零。从某种意义上讲，经济较为发达的地区，经济活动比较活跃，强制清算案件受理数量相对较多。

2.对终结清算公告的分析

终结清算一般分为完成清算事项正常清算终结、因资不抵债转入破产程序、无法全面清算和无法清算四种情况。通过对终结公告的情况进行分析，可以从一个角度察看当前强制清算案件面临的现状。从2017年人民法院公告网发布的强制清算公告来看，当年终结强制清算的案件共计51件，其中，被清算人及其股东拒不提供印章、证照、财产、会计账簿以及重要交易文件，导致无法全面清算而终结清算的案件数为45件，由强制清算转为破产的案件1件，因没有财产无法清算而终结清算的案件1件，清算完毕而终结清算的案件4件，具体如表5-3所示。

表5-3　终结清算公告分析

类别	终结清算公告	转破产公告	无产可清公告	正常清算公告	不予受理
数量(件)	45	1	1	4	2
占比(%)	84.91	1.89	1.89	7.55	3.77

注：本表终结清算公告是指因被清算人及其股东拒不提供印章、证照、财产、会计账簿以及重要交易文件，导致无法开展强制清算工作，致使强制清算终结的公告。

从上述数据可以看出，强制清算案件难以“强制”。在表5-5中，2017年结案的53件强制清算案件中，有45件因被清算人或其股东拒不提供印章、证照、财产、会计账簿等文件资料，导致强制清算终结，占当年结案数的84.91%；正常办案的强制清算案件只有4件，仅占结案数的7.55%。

即使以同期全部清算案件数251件为基数，因被清算人或其股东拒不配合导致强制清算不能进行的占比也高达17.93%（45件：因资料欠缺导致终结清算件数；251件：同期强制清算案件数，包括未结清算案件数）。考虑到强制清算案件呈增长态势，实际占比可能更大。

（三）我国强制清算案件的发展趋势与债权人利益保护

公司解散是强制清算程序启动的缘由。公司解散有的是自愿的，也有的是强制的。其中强制解散有的是由行政机关强制解散，有的是由法院强制解散。有学者走访了四川省工商行政管理局（现为四川省市场监督管理局）主管注册登记等事宜的部门，获取到下列数据：四川省2017年度新设企业259590户，当期吊销企业42983户，注销企业46057户。而从四川省人民法院公告网上反映出四川省法院进入强制程序的仅为14家。这说明企业对清算程序特别是强制清算程序的了解和重视还不够。吊销企业是属于法定解散事由之一，企业在清算不能或逾期不能清算或无法清算的情况下完全可以适用强制清算的途径退出市场。从长期来看，也应当缩减以行政命令的方式解散公司，在大多数情况下，股东或债权人应向法院申请解散公司，不能自行清算的应当进入强制清算程序。目前我国法律体系对企业破产法的规制已有框架，也逐渐引起了大家的重视，但对强制解散公司制度不够重视，所以有必要借鉴国外成熟的立法经验加以改变。

启动公司强制清算程序的法律依据是《公司法》第二百三十四条的规定以及《公司法司法解释二》第二条和第七条的规定。其内涵是指逾期不成立或故意拖延以及有违法清算可能的情形时，公司股东或债权人向法院申请指定清算组进行清算。强制清算的价值在于公正、效率和利益平衡保护。公司强制清算是我国特有的一种司法清算制度，既要充分保护债权人利益，又要兼顾职工利益、股东利益和社会利益。

公司强制清算应当维护公司各方主体利益平衡，将权利和义务、利益和负担在公司、股东、债权人、职工和代表社会公共利益的国家等利益主体之间进行合理分配和分担，实现法律意义上的公平。强制清算中尤其应当重点考虑的是作为出资人的股东和公司债权人之间利益分配的公平。比较而言，在这些利益主体中，债权人的利益保护应当处于最优位置。公司解散后，一般情况下公司的股东完全可以通过自行清算的方式直接参与到清算中，股东可以凭借其优势地位直接操纵整个清算过程往有利于自己的方向进行。公司员工的利益基于国家对劳动者的生存利益的优先保护也能够得到满足。而债权人利益则只能仰仗于依法清算来得到实现，处于相对弱势的地位，应该得到优先保护。对债权人利益的优先保护在理论界也能基本达成一致观点。

三、清算组执行清算事务的操作过程不利于保护债权人的利益

在执行强制清算事务的过程中，与保护债权人利益有关的步骤主要有：清理公司财产、清偿公司债务、分配剩余财产等。

（一）清理公司财产

清理公司财产作为债权人利益实现的基础，是清算事务的重要内容。为了清理财产，清算组不但要对公司财产进行接收，还要依法制作各种表册，包括资产负债表和财产清单，这些表册直接反映了公司的财务情况和资产状况，是债权人据以了解公司信用和资产状况的基本资料，对债权人判断公司是否具有清偿可能性和是否决定回收债权至关重要。

但是，我国强制清算制度的相关规定中，并没有就债权人获得上述资产负债表和财产清单作出规定，未能保护债权人的利益。而且在交接、审核公司财产账册并登记造册时，可以发现原公司管理人员及其股东的违法行为，这类人员往往不愿与清算组合作，妨碍清算工作的顺利进行。所以，在财产清理的过程中，确立追究有关人员不配合的法律责任制度，

可以有效确保公司财产清查工作合法顺利开展。而《公司法》对此却没有相关法条，对债权人利益保护不利。

（二）清偿公司债务

作为对债权人利益进行保护的核心程序，公司债务的清偿与职工、股东、债权人等不同的利益主体紧密相关。一般而言，这个程序包括通知和公告债权人、债权申报和确认以及清偿债务三个环节。

1.通知和公告债权人

对于《公司法》规定的债权人的通知和公告程序，由于发出通知需要债权人的名称、住所地等基本信息，所以只能通知已知债权人。公告方式作为通知方式的补充，是针对未知债权人。但这两种方式不应具有选择性，也就是说即使清算组有理由认为债权人全部都是已知的，也不得以分别通知代替发布公告；相反，公告作为对通知方式的补充，也不能因为发布公告而不再分别通知已知债权人。但对于是否也可以以公告的方式通知已知债权人，法律没有作出明确规定。

对于通知和公告期限，《公司法》的规定也存在问题。比如，十日内通知已知债权人是否现实可行；规定了六十日内在报纸上公告，但并未规定公告的次数，也没有规定应当在什么级别和种类的报纸上发布公告。

2.债权申报和确认

《公司法》采取短期债权申报期间，并区分通知和公告两种方式，分别适用不同的期间。这一规定，有人认为是在已知债权人和未知债权人当中，人为地造成不公平，在公司资可抵债的情况下，这一做法限制了已知债权人的权利。而且《公司法》规定的申报债权期间对于债权人来说太短，无助于保护债权人利益。《公司法》也未对逾期申报的法律后果作出说明，使得司法实践缺乏法律支撑，法院执法不一致，不利于保护债权人的利益。

3.清偿债务

清偿债务是公司强制清算程序中实现债权人利益的重要程序。《公司法》对公司财产的清偿顺序作出明确规定，与破产清算中的财产分配顺序基本相同，这能够有效地保护全体债权人的利益，实现公平、正义。然而，《公司法》没有进一步明确清算方案应包括哪些具体内容，实践中不同清算组可能设计出不同的清算方案，清算制度不一致。而且《公司法》仅规定了清算组在债权申报期间不应当清偿的债权，却没有规定可以清偿的债权，这不利于保护担保债权的债权人。

（三）分配剩余财产

分配剩余财产的前提是，公司全体债权人的债权已经得到充分受偿，假如没有全部清偿债务，清算组就分配剩余财产，一定会损害债权人的利益。从《公司法》的规定看，清算组给股东分配剩余财产的前提是全额清偿公司债权，但对于提前分配剩余财产会导致什么样的法律后果却没有规定，此乃立法上的缺憾。

四、强制清算清算组的议事规则存在弊病

强制清算案件中债权人和公司股东之间存在利益纷争和矛盾冲突。立法者在强制清算案件中要实现的目标，与债权人、公司股东的目标是不同的。债权人要实现的是其债权得到及时、足额清偿，公司股东是在可能情况下尽量获得更多的剩余分配财产和避免自身担责等，法律在此之外还要考虑维护市场经济秩序。因此，在强制清算中公司股东和债权人之间存在着此消彼长甚至不可调和的利益矛盾。

虽然在《清算纪要》第十三条中关于强制清算清算组的议事机制规定，如清算组不能形成多数意见，可以请求法院作出决定，但是由于在强制清算案件这样的非讼案件中，法院作为国家司法机关具有独立公正的法律地位，而公司财产的具体管理和分配往往属于私法性质的事务，由法院承担该事务与其行使司法职权的国家机构之地位不相符。此外，法律事务和非法律事务均交织在这些工作中，专业性强而又琐碎、复杂的工作也不是法院的人力所能胜任的。对债务人财产即破产财产要进行

大量的管理、处置和分配工作，这些工作直接影响到债权人、公司股东及其他利害关系人的利益，必须得到及时、高效、公平的处理。故对清算组事务的处理依赖法院来决定是不现实的，还是应当通过完善清算组议事规则的途径来解决。在我国现有的法律规制框架下，清算组的议事规则凸显出下列问题。

（一）债权人不能参与到清算组议事程序中

议事规则的运行机理包括议事程序和权力制衡。《公司法司法解释二》第八条、第九条和《清算纪要》第十条均规定，清算组成员由法院从公司的股东、董事、监事、高级管理人员或者中介机构或个人指定组成，法院在特定条件下可以根据利害关系人的申请予以更换。可以看出，作为在清算程序中应当侧重保护其利益的债权人却没有法律依据成为清算组成员。显然债权人要想及时获得清算事务信息和发表自己的意见没有一个常规的正常渠道。虽然我们在前述的公告分析中可以看到部分沿海地区的法院和清算组在强制清算案件中有通知召开债权人会议的公告或含有该内容的公告，但其实都是清算组在司法实践中的一种探索和尝试行为，并没有得到法律的认可。这从另一个侧面印证了缺乏制度保障，不得不硬套《企业破产法》有关债权人会议的做法。而两项制度有着本质的差别，是不适合直接照搬适用的。债权人不能成为清算组的成员，实质是剥脱了其对清算事务的知情权，发表自己的意见也变得困难重重，通过议事程序达到权力制衡也无从谈起。依据现有法律规定，清算组成员中除专业的中介机构外，大部分法院指定是公司股东，这与强制清算案件的基本原则，即平衡债权人、公司股东和社会公共利益的原则是不符的。所以司法实践中造成债权人对清算组缺乏信任感和安全感，不配合清算组履职的情况时有发生。

（二）清算组会议召开难是导致清算久拖不决原因之一

在司法实践中，清算组会议常常不能形成及时有效决议的原因之一，在于清算组会议召开难。由于现行法律没有规定强制清算案件清算组会议的会期，清算组会期不确定，通常由清算组负责人提前通知召开。公司股东通常都有自己的事务在身，有时的确不能参加。结合清算的效率原则，这时就应当允许其委托代理人参加会议。还有一种情况，如果股东明知清算组表决事项对自己不利，则很可能从一己私利出发，故意不去参加会议，让清算组无法作出决议，拖延清算的时间。笔者参与的成都某置业公司清算案件就常常发生清算组会议不能按时召开的情况。《公司法》规定了有限责任公司的董事会议事规则由公司章程规定，股份有限公司董事会的董事的出席和代理出席制度以及董事会的会期。股份有限公司更为严格的规定体现了股份有限公司对公众负责的态度。强制清算案件也应当本着对债权人权益的充分保障原则，对清算组会议的会期、会议的出席或代理出席作出规定。

（三）股东利用清算组过半数决议通过的议事机制，通过人数上的优势作出不利于债权人的决议

在司法实践中，清算组成员通常由法院指定的中介机构和股东代表组成，成员中形成了股东占多数的绝对控制局面。清算组在对公司财产的处置、起诉、放弃权利、达成和解等重大事项中，债权人利益与股东利益必然有发生冲突之时，股东就可能利用其在清算组中的绝对多数的地位，从一己私利出发，作出有损债权人利益的决议。比如，在有限责任公司中，因公司管理不规范，股东特别是控股股东和公司之间可能会存在很多经济往来，是否需要起诉追回等问题需要清算组决策。这时股东出于其对自身利益的考虑，可能会影响债务清偿，甚至出现欺诈行为，导致清算组会议不能形成有效的决议或形成的决议可能让公司财产减损，从而损害到债权人的利益，而且也难以取得债权人的信任。

（四）清算组议事规则缺乏公示制度

强制清算清算组的议事规则公示是对社会的公示。清算公告是清算

组的法定职责，其目的之一就是保障所有债权人能够知晓公司进入清算程序并催告其申报债权。根据《中华人民共和国公司登记管理条例》第四十一条的规定，清算组的成员和清算组的负责人应在规定时间内向市场监督管理部门备案。清算组议事规则作为清算组的基本准则和依据，对保障清算程序的顺利推进、公平保障各方利益具有重要意义。不公平的决策必然导致不稳定，而不稳定的决策必然导致缺乏行动。因此，从一定意义上讲，清算组议事规则没有公示，也是导致清算组缺乏执行力的原因之一。

五、债权确认规则不完善

债权的申报和确认也是清算组的主要工作之一。《企业破产法》第四十六条第二款明确规定，附利息的债权自破产申请受理时起停止计息。但是在强制清算程序中对附利息债权的利息计算起止时间点却没有明确规定。有的地方法院出台了一些指导规则，如北京市高级人民法院《关于审理公司强制清算案件操作规范（试行）》第五十八条就规定了法院受理之时即为未到期的债权到期的时间，同时也明确了附利息的债权也停止计息[①]。江苏省高级人民法院《关于审理公司强制清算案件若干问题的意见（试行）》第四十七条则直接参照《企业破产法》的规定适用。《深圳市律师协会律师担任强制清算案件业务指导标准》第五十一条规定了债权申报与债权审核，关于强制清算案件中的债权申报与债权审核指导标准参照《深圳市律师协会律师担任破产清算案件管理人债权申报及审查业务指导标准》，也是直接参照《企业破产法》的规定即计算至强制清算案件受理之日止。

由上可以看出，实务中，在附利息债权的处理中清算组可能会出现两种不同的做法：一种做法为利息应当计算至强制清算案件受理之日截止；另一种做法则是依据债权的生效判决书的判决利息计算至实际付清之日。债权人申报的债权中基本涉及利息问题，又因强制清算案件以公

①贺丹．企业拯救导向下债权破产止息规则的检讨[J]．法学，2017（5）：88-96.

司解散为前提，通常走到强制清算这一步时，时间已经比较长了，利息计算至实际付清之日和受理之日的差别很大，有的利息历经几年没有得到清偿，甚至和本金相当，直接与债权人利益相关。

不仅如此，通过大数据分析，可以看出债权确认之诉的增多。数据来源时间：2018年10月3日之前。案例来源：Alpha案例库。案由：普通破产债权确认纠纷。案件数量：2379件。数据采集时间：2018年10月3日。本次检索获取了普通破产债权确认纠纷在2018年10月3日之前的2379篇裁判文书。普通破产债权确认纠纷案例数量伴随文书公开，基本呈逐年增长的趋势。

六、强制清算程序周期较长

根据《公司法司法解释二》，公司强制清算的期限为六个月，在特殊情况下可以延长。笔者参与办理的成都某置业公司强制清算案件，尽管是以申请人撤回强制清算申请的方式而终结程序，但从受理之日到结案时间长达五年多。从某市中级人民法院获取2016—2017年受理、审结强制清算案件数据，某市中级人民法院审理强制清算案件的平均时间为250天（见表5-4）。在审理期限内正常结案的只有四个案件，刚好符合期限的一件，超过审理期限的五件，未结案的四件，未结案和已结案超期的比例高达64.29%。

表5-4　某市中级人民法院2016—2017年受理、审结强制清算案件情况

年份	2016					2017								
案件序号	1	2	3	4	5	1	2	3	4	5	6	7	8	9
是否结案	是	是	是	否	否	是	是	是	是	是	是	是	否	否
结案时间（天）	180	463	148	–	–	182	257	529	156	165	256	163	–	–
平均结案时间（天）	256					244								

从对人民法院公告网中2017年所有清算公告的统计分析来看，尽管不能全部推算出强制清算程序用了多少时间，但是从21件能推论的公告

来看，平均受理时间为573天，最长时间为2735天。

清算期限的延长直接导致债权人的时间成本增加，公司清算久拖不决会给债权人带来新的风险。债权人也不能尽快摆脱与强制清算公司之间的各种法律关系，影响其创造新的财富价值。

第二节　清算组议事规则和债权人利益的保护

一、强制清算清算组的议事规则

“议事规则”这个词的原意是指英国议会协商议事时所遵循的规则和惯例，类似英国的“普通法”，是通过先例和习惯，经过长期的不断积累发展而成的。通用议事规则在构建时的一个核心原则，就是要谨慎仔细地平衡组织和会议中个人和群体的权利，包括意见占多数者的权利、意见占少数者的权利、每个成员的权利、缺席者的权利、所有上述人群作为一个整体的权利。议事规则的实质就是通过适当的措施保护上述各项权利。正是对保护这些权利的不懈追求才换来了议事规则今天的发展。清算组作为强制清算案件的主导者，其议事规则的优劣直接影响到清算程序的公正、效率和利益平衡。

二、我国有关清算组议事规则的法律规制

《公司法》第二百三十三条规定在逾期不成立清算组的情况下，利害关系人可以申请人民法院指定有关人员组成清算组进行强制清算。《公司法司法解释二》第七条补充规定了公司股东也有权申请强制清算。第八条细化了法院指定清算组成员的范围，包括公司的董事、监事、高级管理人员、公司股东和具有专业知识与执业资格的律师事务所、会计师事务所或清算事务所及其专业人员。《清算纪要》第十条规定指定清算组成员应优先考虑公司的董事、监事、高级管理人员，清算组成员应为单数。

同时对清算组负责人的法律地位进行了明确。第十二条规定清算组的议事机制应当参照《公司法》第一百二十四条董事会的议事机制，采取过半数通过的表决方式。另外，对回避原则和可撤销事项亦作了规定。看似明确的清算组议事规则，在司法实践中暴露出诸多问题。从债权人利益保护的角度，突出地表现在清算组成员中没有债权人的参与，没有充分保障债权人及时对清算事务的知情、监督和参与的权利，法律赋予债权人的撤销权其实也形同虚设。债权人往往只有当其利益已经受到损害时才发现，但为时已晚。

三、清算组议事规则的完善建议

议事规则的核心是民主价值观，议事规则的内涵包括自由平等、有效参与、多数决定原则和保护少数原则。内涵和价值观通过议事规则的运行机理渗透其中。议事规则运行机理包含议事程序和权力制衡两方面。议事程序借会议实体来运行，有组织程序和议事程序，两者相辅相成。组织程序有会议的准备工作、主持人、会期、会议形式、列席、休会、闭会等。议事程序有议案的提出、审议、询问、质询、发言、表决、罢免、弹劾等。权力制衡是通过平衡来制衡，主持人保持权力中立，行使监督和制约的权利。各国公司基本认可清算人作为清算中公司的法人机关，在公司进入清算程序后取代董事，对外代表公司、对内履行清算事务的观点。程序正义是实体正义的保障。在清算程序中股东和债权人之间经常会出现利益冲突。作为股东或出资者来说清算制度有利于保障其享有有限责任，还可以享有剩余财产的分配[①]。债权人的目的是及时全额地得到清偿。而《公司法》规定，股东只有在公司清偿了债务的情况下才能分配剩余财产。因此，可以看出债权人和股东在清算过程中是存在利益冲突的，在财产分配上还有此消彼长的矛盾关系。因此，清算组中应当有债权人参与其中，保障其知情权、参与权和监督权。

①廖慧．论强制清算剩余财产分配[D]．成都：四川大学，2021.

目前，我国强制清算案件中的清算组是一个临时机构，对内负有执行清算事务的义务，对外代表公司了结债权债务等各种法律关系，享有权利义务。程序正义是保障结果公平的前提，程序保障也是债权人利益保护的事前预防。应当完善清算组的议事规则，从清算程序的事前保障方面加强对债权人的保护。

在司法实践中各地高级人民法院、律师协会也有探索和创新。如在抽取2017年人民法院公告网中有关强制清算案件的公告中，广东、北京等地的强制清算案件采取参照《企业破产法》的规定，以召开债权人会议的形式保障债权人的参与权和知情权。这种做法是很好的探索，但是强制清算和破产清算在启动的原因、对债权人的清偿方面有很大的不同，所以不宜直接套用其规定。有的地方律师协会也有关于强制清算案件律师担任清算组的指导标准，如深圳市律师协会。有的地方法院亦对强制清算案件中清算组表决程序予以规范，但是对清算组的议事规则没有规定或规定不具有操作性。如江苏省高级人民法院《关于审理公司强制清算案件若干问题的意见（试行）》第二十三条规定，清算组的议事规则借鉴公司董事会的表决机制，清算事务由全体清算组成员共同决定。清算组成员为三人及三人以上时，由清算组成员按照人数以简单多数决方式进行表决；制定涉及公司财产等重大权利事项时则应采取三分之二以上多数决定方式，与争议事项有直接利害关系的清算组成员可以发表意见，但不得参与投票；有关事项因利害关系人回避表决而无法形成多数意见的，清算组可以请求人民法院予以决定。从上述规定可以看出，强制清算中对清算组的议事规则大多借鉴公司董事会的表决机制基本达成共识。清算组会议决议的表决，实行一人一票。清算组作出决议，必须经全体清算组成员的过半数通过。尽管如此，依然存在清算组成员不全面等瑕疵，议事程序中的会期、出席不明确和议事规则的备案制度方面的操作规程仍待进一步完善。

（一）清算组成员中应当增加债权人代表

从保障债权人的知情权、参与权和监督权的角度出发，债权人应当加入清算组成员中，发挥其应有职能。出席清算组会议人员的地位、权利、义务，以及行使权利的方式和程序都需要法律来确定和保护。具体到强制清算清算组中，会议成员不仅有公司股东或公司董事、监事、高级管理人员，还应当包含债权人或债权人代表。可以建立监理人制度，以法律的形式确定债权人在清算组中的地位。

采用债权人会议方式对清算事务进行监督。债权人（或债权人代表）以债权人会议的形式在清算程序中行使权利，可以对清算人重大清算处分行为行使否决权；有权就债务清偿方案提出建议；必要时有权向法院申请检查公司业务及财产。最高人民法院《关于审理企业破产案件指定管理人的规定》第十九条规定了企业破产案件的清算组成员可以从政府有关部门、社会中介机构和金融资产管理公司中指定，中国人民银行和金融监督管理机构还可以派员参加清算组。这说明在破产案件中法院指定管理人的范围是比较灵活的。在强制清算案件中更应该继承这样的法律精神。

可以根据强制清算案件的申请人不同做不同的处理。我国法律规定有权申请强制清算案件的是公司股东和债权人。申请人为债权人的可以请申请人直接参与到清算组中，成为清算组成员。股东申请的，债权人数较多时，可以由债权人推选出债权人代表；债权人较少时，也可以由债权人申请法院批准的方式成为清算组成员。上述不同的处理方式均可以由清算组负责人在制定清算组议事规则时结合案件情况建议法院选择适用，但是必须保证债权人在清算组的一席之地。

关于债权人或债权人代表在清算组的地位和作用，笔者建议可以参照我国证监会上市公司中独立董事的职权：对重大的财产处分和放弃公司权利的事项应由债权人代表认可后，提交清算组讨论；债权人代表作出判断前，可以聘请中介机构出具独立顾问报告或咨询报告，作为其判断的依据；向清算组提请召开临时清算组会议。

（二）清算组的会期和代理出席制度

为避免清算组会议不能召开或召开难的现象，强制清算清算组的议事规则中应当制定清算组的会期、定期会议的召开期限等问题。因为清算组成员有第三方中介机构人员，他们是专职来做清算案件的，是清算工作的主导力量，因此出席清算组会议是不存在障碍的，但是其他清算组成员因大多是兼职成员，特别是股东还与清算组的事务有千丝万缕的利害关系，出于自身利益的考虑或者说的确因客观原因不能及时参加清算组会议的情况在司法实践中时有发生。因此，首先，对议事规则规定了会议的会期，清算组成员就有计划，也可以提前安排出时间；其次，有必要赋予其代理出席的权利，在清算组成员因客观原因的确不能参与的情况下，委托代理人参加，保证清算组会议及时、有效召开。

（三）清算组议事规则应当备案公示

清算组负责人应当结合强制清算案件的实际情况制定清算组的议事规则，报法院同意后到工商登记管理部门进行备案。这样的好处是：首先，议事规则公示后彰显其透明、公平，也能督促清算组严格按照议事规则的规定开展自己的履职工作，对清算组成员的勤勉尽责也有了客观的评价标准；其次，登记备案后，便于债权人、其他利害关系人查阅，也能让债权人和其他利害关系人更好地监督清算组的工作。因此，《中华人民共和国公司登记管理条例》第四十一条已经提出了清算备案要求，也应当将清算组议事规程纳入备案事项中。

第三节　债权确认规则和债权人的保护

一、债权确认规则

债权确认对债权人利益的有效保护和强制清算整个程序的顺利进行

至关重要。债权的确认直接关系到债权人实体民事权利的行使和救济。债权的确认通常包括公告、申报、登记、审核和确认。强制清算程序开始后，清算组的首要任务之一就是公告，接受债权的申报与进行债权的审查。在破产清算中债权的确认同样具有重要的作用。在强制清算程序中，编制债权表时通常把债权分为职工债权、公益债权、优先债权和普通债权四类[①]。债权申报和确认金额又分为本金和利息两部分。依据《公司法司法解释二》第十二条的规定，债权人对清算组核定的债权可提出异议，其救济途径包括向清算组提出异议和向人民法院提起诉讼解决。《清算纪要》第十九条对破产清算程序的准用作出了列举式的规定，就强制清算程序在具体操作上与破产程序具有的相似性，该会议纪要未予涉及的情形可参照《企业破产法》及其司法解释的有关规定处理。也正是由于该条规定，我国有些地方高级人民法院出台的强制清算案件的审理规范和有些地方律师协会出台的律师执业指导标准，均直接照搬了《企业破产法》的有关债权审查的规定。

强制清算案件与破产案件有本质的区别，强制清算案件中关于债权确认的规则不能直接适用《企业破产法》的规定。理由如下。其一，《企业破产法》规定，管理人编制的债权表需要提交债权人会议核查，并且最终由法院确认。从规定的用词上就可以看出在强制清算中的“核定”和破产清算中的“核查”是有本质不同的。其二，因为强制清算程序是以公司能够完全清偿债权人的债务为前提的，所以清算组通过债权人申报、核对债务人财务账册等手段是能够确认债权人的债权金额的。如果到期债权能得到及时清偿，其附利息债权中的利息金额对债权人的影响也不大。其三，债权确认特别是对附利息债权中利息的核定因强制清算案件审理时限的延长而变得对债权人有重要意义。在实践中，由于普通强制清算案件通常会有六个月的审理期限，有的清算案件的审理达到了几年的时间，对利息的影响就很大，有的债权利息几乎与本金持平。因此，对附利息债权的认定也直接影响到这部分债权人的利益。

①朱峰，马亚桢．破产债权审查及确认之诉规则[J]．法制博览，2024（17）：52-54.

二、我国有关附利息债权确认规则的法律规制

有关附利息债权的确认规则，我国法律没有具体规定。实务中，各地做法不尽相同。有的地方以律师协会业务指导标准的形式，对附利息债权确认规定进行了明确。如《深圳市律师协会律师担任强制清算案件业务指导标准》在其第三章（债权申报与债权审核部分）第五十一条载明，直接参照《深圳市律师协会律师担任破产清算案件管理人债权申报及审查业务指导标准》的规定（采用受理时间截止的观点）。还有更多的地方并无明确的规定。比如，北京律师协会指导标准仅系按不同的标准将债权予以分类。根据审核的要求不同将债权审核分为形式审核和实质审核，根据债权性质不同又将债权分为一般债权和特殊债权，并对前述分配分别规定了具体的审核标准，但是对利息的审核没有具体、明细、可操作的审核方式。

关于强制清算案件中附利息债权的处理问题，尽管有的地方律师协会以律师协会标准的形式进行了有益探索，认为应当参照《企业破产法》之规定，将债权利息时间截至受理清算之日。

但是从强制清算与破产清算的区别和关联性，从强制清算制度的价值来看，前述标准是否科学尚存商榷。因为强制清算与破产清算两个制度是具有不同的适用范围、价值取向和法律渊源的。在强制清算案件中，从保护债权人利益角度出发，与他们有切身实际联系的利益更应该得到保护。清算组在符合法律规定的履职原则下应当采用将利息计算至分配之时的观点。

三、债权确认规则的完善建议

《清算纪要》第十九条虽然以列举式的方式规定强制清算程序可以准用破产清算程序，但从该条款的表述来看，准用的原因是强制清算与破产清算在程序上的相似性。对该条进行体系解读，它的地位在会议纪要中应该是一个兜底的条款，是以强制清算程序中无法清算或无法全面清算后，应当追究相关责任人责任为前置条件的。破产清算与强制清算存

在本质的区别，主要在于启动的原因不同、司法介入的深浅程度不同和达到的目的不同。破产清算的目的，首先是公平地让债权人得到清偿，其次才是使公司在法律上归于消灭。法院受理破产案件的理论前提是公司资不抵债，债务人公司的资产不足以偿还对外所负的全部债务，由此债权人的债权必然无法全额受偿，究竟债权人受偿比例如何，在清算程序终结之前都不确定，因此，法院在破产清算程序中的介入程度应当更大。而法院受理强制清算案件的理论前提是公司资产足以偿还对外所负的全部债务，债权人实现利益具有一定的物质基础，法院在强制清算程序中介入的力度相对柔和。

因此，虽然《清算纪要》有兜底的规定，但是正如上文所述，鉴于破产清算和强制清算制度的启动原因、司法介入程度和目的价值均有不同之处，这条准用规定过于笼统和模糊，不具有确定性。也正是缘于此，司法实践中强制清算中的债权确认程序不应直接参照适用。

参考国外的立法经验，各国债权确认的方式不同，主要可以概括为以下三种形式。

（一）自动确认与异议债权确认相结合的美国模式

《美国破产法典》规定了对破产债权的确认，如果该债权能够得到证明，那么除非有利害关系人提出异议，该债权即被法律自动确认。提出异议的当事人可以是托管人、经管债务人等与破产财产的执行密切相关的当事人。《美国联邦破产规则》规定，此类异议应以书面形式提交法院，法院应在听证会前三十日将异议副本和听证通知送达债权人。该规则没有规定提出反对意见的具体时间，但是如果提出的时间太迟并造成了不合理损害的，法院就可能否决该异议。

（二）破产受托人确认与异议债权法院确认相结合的英国模式

根据1986年的英国《个人破产规则》，破产受托人首先逐一审查申报的债权，审查后书面通知债权人审查结果；对审查结果须陈述理由；

债权人收到书面通知后二十一日内可以向法院提出异议；法院必须开庭审理并且必须通知破产受托人到庭，最后由法院作出有既判力的决定。

（三）由法院确认的德、日模式

德国和日本采用了同样的方式确认破产债权。具体步骤是：法院书记官按照债权人的申报制作债权表，在破产审查会上法院主持对申报的债权进行讨论和审核，法院审核时要求破产管理人必须到场，如果在审查会上没有异议提出，其债权即可被确认。法院将确认债权记载于债权表上，对有异议的债权通过确认之诉解决。

在我国，《企业破产法》采用了异议确认和无异议确认两种方式。具体程序是：管理人对申报的债权进行形式审查，编制债权表；然后交由债权人会议核实调查，债权人、债务人无异议的，法院裁判确认；有异议的，由法院通过诉讼程序，以判决的形式确认。

鉴于此，我国强制清算案件中债权的确认规则采用受托人即清算组确认与异议债权法院确认相结合的模式。当债权人与债务人对该笔债权均无异议时，清算组应当及时予以确认；对于双方或一方有异议的债权应当提交法院，以债权确认之诉的方式由法院进行实体审查后裁决。这样的处理方式符合强制清算程序的公正和效率原则。关于强制清算案件中附利息债权的处理问题，尽管有的地方律师协会主张参照《清算纪要》第十九条的规定，将利息计算截至债权申报之日，但是从强制清算与破产清算的区别和关联性以及强制清算制度的价值来看，强制清算与破产清算两个制度具有不同的适用范围、价值取向和法律渊源。在强制清算案件中，从保护债权人利益角度出发，与他们有切身实际联系的利益应该得到保护。清算组在符合法律规定的履职原则下应当采用至实际支付之日的时间节点作为计算利息的终点。

第四节　清算期限和债权人利益保护

《公司法》第一条明确规定了保护公司、股东、债权人的利益，维护社会经济秩序的基本原则。《清算纪要》明确强制清算案件审理应当坚持程序公正、清算效率和利益平衡的原则。清算效率原则实际上是对程序公正的补充和维护，司法实践中突出反映的程序拖延情况，实际上就是变相侵害了以债权人为主的利害关系人的权益。而债权人相对于公司和股东的外部性质，更需要程序上的着重保障，其示范效应将影响到整个社会的经济秩序和社会信用。

一、清算义务人履行义务现状

强制清算的结果有三种，分别为正常清算结算、因资不抵债而转入破产程序、不能清算。其中不能清算的情况又分为因强制申请执行人撤回清算申请而终结、因不具备强制清算资料或实际控制人消极配合清算导致清算不能而终结两种情形。强制清算程序中，债务人或其实际控制人对强制清算的配合程度往往在很大程度上决定了强制清算工作是否正常进行。实务中，大量强制清算案件往往因为债务人或其实际控制人拒不配合强制清算工作或不能提供相关资料而导致清算不能。抽取我国2017年人民法院公告网中所有强制清算终结的公告分析，88.68%的案件因为清算人实际控制人不提交资料或债权人实际控制人消极配合清算导致无法清算而终结。

二、权利人权利保障

依照法律规定，强制清算组及法院有要求债务人及其实际控制人提交与强制清算相关资料的权利，债务人及其实际控制人有配合强制清算人、法院的义务。实务中，对于债务人及实际控制人拒不配合提交强制清算资料，导致清算不能，进而损害其他权利人利益，相关权利人通常采取什么渠道救济自己的权利呢？各种救济渠道各有什么特点，是否可能存在更为便捷的渠道实现权利救济？

一是通过民事诉讼程序救济自身权利。依照《公司法司法解释二》的规定，有限责任公司的股东、股份有限公司的董事、控股股东因怠于履行义务，导致公司主要财产、账册、重要文件等灭失，无法进行清算时，上述人员对公司债务须承担连带清偿责任[①]。权利人采用民事诉讼程序虽然亦可在理论上救济自身权利，但是必然增加诉累，且诉讼周期较长，必然增加司法成本。

二是通过刑事程序保障权利。《中华人民共和国刑法》（以下简称《刑法》）第一百六十二条规定了妨害清算罪，规定可对公司、企业及直接负责的主管人员、直接责任人隐匿财产、隐匿或者故意销毁凭证、账簿等行为科以刑罚。但不足之处有两点：第一是周期过长；第二是对于相关人员违法行为未达到“情节严重”这一标准时，依法不能启动刑事程序。依照2001年4月18日最高人民检察院和公安部发布的《关于经济犯罪案件追诉标准的规定》的规定，债务人及相关债务人隐匿、毁损凭证、账簿达到“情节严重”的标准为“造成债权人或其他人直接经济损失数额在10万元以上的”。由此可知，尽管刑法规定有“妨害清算罪”，但刑事程序仍难对债务人及其实际控制人、直接责任人实施的轻微的隐匿、毁损资料行为科以刑事处罚。加之，依照《刑法》第一百六十二条的规定，该犯罪行为为结果犯。特别是对于相关责任人实施的隐匿资料的行为，实务中难以确定权利人损失。

三是对债务人采取司法惩戒措施。《企业破产法》第一百二十七条规定，债务人未向法院提交财产状况说明、债务清册、债权清册、有关财务会计报告等资料或者提交的资料不真实的，法院可以对直接责任人员依法处以罚款。但就强制清算程序而言，适用的弊端有以下几点：法院

①尹艳．论公司强制清算中债权人利益保护[D]．成都：西南财经大学，2019.

采取司法惩戒措施仅以罚款为限；强制清算程序是否可适用《企业破产法》第一百二十七条的规定以及惩戒措施，尚存争议。从实务操作来看，全国法院依照该条科以司法惩戒的案例亦不多。通过中国裁判文书公开网中以“司惩”和“清算”为关键词搜索，共检索到四份决定书，是法院对违反规定擅自进入查封财产采取拘留的惩戒措施。

鉴于上述原因，实务中，当出现债务人及直接责任人经清算组多次催告仍不提供清算资料，法院最终也只能以无法清算为由而终结强制清算程序，这也导致出现前文所述的高达88.68%的案件因为债务人不提交资料而终结清算。

除了前述民事诉讼、刑事保障及司法惩戒之外，清算法院可利用《民事诉讼法》第一百一十四条的规定，以对债务人及直接责任人科以司法惩戒的方式，使直接责任人及时交出清算资料，保障清算程序顺利进行，进而维护权利人利益。该条规定对有义务协助调查、执行的单位主要负责人或者直接责任人员还可以采取罚款的惩戒方式；对仍不履行的，法院可以予以拘留，向有关机关提出予以纪律处分的司法建议。强制清算中，公司股东或实际控制人对强制清算是有法定配合义务的，调查公司的财产状况是清算组的法定职责，实践中公司股东和实际控制人因私利不配合清算的情况时有发生，而清算程序不能正常推进直接损害债权人的利益。即便《公司法司法解释二》有由股东直接承担连带责任的规定，但是对于债权人来说也是需要漫长的时间和金钱成本的，而公司的股东或实际控制人正是利用了这样的时间差，达到自己的非法目的，因此有必要对其法律责任进行及时的惩戒。建议依照《民事诉讼法》第一百一十四条的规定，及时对直接责任人进行罚款，甚至拘留。这对有效遏制目前这种借解散逃废债务的恶劣行为，加大清算义务人的责任，规范市场，保护债权人合法权益有积极意义。

三、清算义务人对债权人利益的维护义务

强制清算程序中，清算义务人有必要的勤勉和谨慎义务，确保债权

人权利的利益不受损害。各国立法都明确规定了清算义务人在什么情况下对债权人承担赔偿责任、承担赔偿责任的方式是什么，值得借鉴。特别是《马来西亚公司法》规定，法院必须对清算师的行为进行监督，清算师被发现有不忠实履行职责或者滥用权力行为的，法院应进行调查并责令该清算师承担公司损失。《开曼群岛公司法》规定，在根据本法进行公司清算的过程中，若公司任何过去或现在的董事、经理、法定或其他类型的清算人不当使用或将公司的款项保留在他人手中，或对公司负有责任或有任何不法行为或违反对公司的信托义务，经任何清算人或债权人或出资人的申请，即使该不法行为人可能对其行为负刑事责任，法院仍可以对该董事、经理或其他公司高级职员的行为进行检查，强制他退回不当使用或保留的款项，或他负有责任的款项，并按照法院确定的其认为合适的利率支付该款项的利息，或该金额向公司出资作为对法院认定的不当使用、保留、不法行为或违反信托义务的赔偿。

清算组仅仅对公司负责，有可能导致清算组在股东的操纵下或者在私利的驱动下放手侵夺公司债权人的正当利益，此为追求正义的法律所不容。设计一套公司债权人直接追究清算义务人责任的法律体系确为现实之所需、正义之所求。对清算义务人的惩戒实质是对债权人利益保护事后救济。强制清算没有或不能按照法定程序进行，将导致包括清算人和清算义务人都要承担相应的法律责任。强制清算的不同还在于法院的干预力度大。当强制清算遇到严重障碍时，法院更应当采取积极有效的措施保障程序的顺利推进，从而保护债权人的合法权益。无救济既无权力，这也是任何一项法律制度的后盾。

第六章　公司强制清算的完善措施

第一节　廓清我国强制清算的立法思路

由于我国在立法上关于强制清算制度的空白与欠缺，未形成关于强制清算完整的法律体系，导致在司法实践中强制清算制度的适用较差，亟待从根本上廓清关于强制清算制度的立法思路。

一、在公司立法中设专节以规范

首先，需要解决我国关于强制清算立法上整体法律效力层次偏低的问题。我国可以借鉴《日本公司法》中关于清算制度的设置，在清算章节下单独设立强制清算章节，能够区分于普通的自行清算。在《公司法》中系统性地规定了强制清算的启动、强制清算的申请主体、法院的监督及调查、清算组成员的组成及更换、清算责任等除外，增设强制清算的债权人会议，细化债务清偿协议的协商与制定过程、强制清算的中止以及终结等，建立起关于强制清算程序的整体立法架构。

其次，从《公司法司法解释二》《清算纪要》中提取强制清算的精练部分，再结合包括但不限于日本的域外经验以及司法实践中的裁判经验将强制清算的相关规定上升到法律层面。特别是关于强制清算的程序性规定、强制清算的启动事由及申请人、强制清算的清算组（清算人）的构成及职责、强制清算的操作程序与终结、债权人会议等相关利益保护机制法院的监督以及对相关侵权者的法律责任等方面作详细规定，从立法根本上完善强制清算的相关规定，提高实践中公司、市场经营者和参与者适用强制清算制度的积极性。

强制清算与普通清算并非属于特别法与一般法的关系，而是属于平行并行的两种不同类型的清算制度。两者虽然在清算人的职能、债权人申报债权等某几个部分相似，但实质上在启动事由、申请主体、清算组的组成、清算事务的侧重点以及清算方案、债务清偿协议、债权人和法院的参与程度等方面都存在很大的差异。基于实质上的差异，我国应当在公司立法中的清算下专设强制清算来详细规定强制清算程序的各个部分，以突出强制清算在清算制度中的独特地位。

二、强化立法架构中的薄弱环节

目前我国关于强制清算制度中的有关规定还不够健全，存在许多立法上的薄弱环节[①]。

首先，最大的薄弱环节就是缺乏债权人会议规则以及法院对强制清算程序的监督不足，导致强制清算无法和普通的自行清算区分开来，从而使得公司强制清算程序在司法实践中无法很好地适用。笔者认为，强制清算的特点就是侧重于保护债权人、中小股东和其他相对弱势的利害关系人的合法权益，而债权人会议制度能更好地调动债权人的积极性和参与感，法院的全面监督则能更好地保证强制清算的结果的公平性和公允性。

其次，在强制清算中，强制清算的启动事由以及申请人的范围受限，导致其他与清算公司有利害相关的主体的合法权益无法得到很好的保护，

①程予民，吕慧娟．强制清算与破产清算的衔接问题研究[J]．公民与法（综合版），2020（10）：27-30.

公司债权人无法参与强制清算对于保护其合法权益将产生不利影响，并且关于债务清偿协议的表决要求过高，容易导致强制清算程序的效率低下的问题。

最后，我国强制清算制度在法院监督方面也有很大程度上的缺失和不足。以上部分的立法薄弱在很大程度上影响了强制清算中的债权人保护的利益倾斜的特点。我国强制清算制度只有强化以上提到的各个薄弱部分，才能使整个强制清算程序具有完整的体系和架构。在此基础上，才能更好地解决实务中存在大量“僵尸企业”占用社会大量资源的问题，实现法人有序合规退出市场，在保护各方合法权益的同时达到稳定市场经济秩序的目的。

三、统一强制清算的程序性规范

我国关于强制清算案件的审查与受理等程序规范并没有在公司立法中规定，主要规定在《清算纪要》以及各高级人民法院印发的规范中，如北京市高级人民法院2009年通过的《关于审理公司强制清算案件操作规范（试行）》、上海市高级人民法院2010年通过的《公司强制清算案件立案受理的若干规定》，深圳市中级人民法院2015年通过的《公司强制清算案件审理规程》等。

其中，地方性的程序规范中结合司法实践中出现的问题也作了对《公司法》《公司法司法解释二》等的修改，如北京市高级人民法院《关于审理公司强制清算案件操作规范（试行）》第七条关于强制清算的启动事由中的“违法清算可能严重损害债权人或者股东利益”的情形增加至“违法清算可能严重损害债权人、股东及职工利益”，说明在司法实践中存在大量清算公司在自行清算中损害职工利益的情形，值得在立法中吸收。

然而，各地由于通过的强制清算的程序性规定和规范的时间不同，各地案件也存在一定的差异性，必然导致各规范条文之间的不同。例如，深圳市中级人民法院《公司强制清算案件审理规程》，相较于北京市高级人民法院《关于审理公司强制清算案件操作规范（试行）》，在案件受理、听证会等方面的规定要明显更加细化。

因此，可以借鉴相关地方法院在司法实践中的经验，由最高人民法院出台统一的关于强制清算程序的操作规范，以提高关于强制清算程序规范方面的立法层次；侧重关注强制清算的立案受理阶段的司法实践问题，对申请阶段的听证会和相关审查以及立案阶段的案号管理、管辖问题等进行标准的统一，以更好地适应市场经济下全国性的强制清算案件的审理，也解决实践中强制清算立案难的相关问题。

四、健全公司强制清算决策机制策略

从实务的视角而言，《企业破产法》中在设计相应决策机制方面更加清晰明了，也更加具有操作性，同时遵循公正、公平的基本原则。所以，在针对强制清算程序相应决策机制加以健全的过程中，需要对以下几个方面作出调整。

（一）设立清算基金，保障清算机构合理报酬

在公司强制清算中，确保清算组的中立性，发挥其积极性，对清算事务的公正、高效完成具有重要意义。但是，如果在清算过程中被清算企业已经到了“无产可破”的境地，缺乏清算费用的来源，即使进入破产程序，也将直接导致后续程序举步维艰。特别是当社会中介机构作为清算组时，考虑到这些中介机构作为营利性的组织而非“义工”，如果在清算程序中连送达、公告这些最基本的工作成本都无法保障的话，仅仅强调清算组的义务，其工作积极性显然无法得到调动，不利于清算程序的推进。

目前，按照《清算纪要》的内容，现行的清算组报酬的标准系参照《关于审理企业破产案件确定管理人报酬的规定》管理，该规定中赋予了法院在报酬计算标准范围内确定管理人（清算组）报酬的权力以及在债务人财产不足以支付报酬情况下，管理人（清算组）报酬由债务人财产

优先支付的优先受偿制度。但这些规定并没有从根本层面上保证清算组工作“劳有所得”，一旦债务人清算财产所剩无几，清算组仍然会面临“颗粒无收”的尴尬境地。与此同时，也有一些清算组在仅仅完成了一些一般性事务之后，清算工作便得以顺利完成，“幸运”地获得了高额的报酬。在由非清算义务人组成清算组时，清算组对于自身利益的追求无可厚非。在无法清算时，目前采用的垫付清算费用、协商清算报酬的机制，仅是权宜之计，无法形成保障清算组中立性与积极性的长效机制。为此，可通过设立清算组（管理人）基金制度来解决清算组报酬厚薄不均的情况。清算组（管理人）基金制度的设立可以从根本上解决债务人无法清算、无产可破情形下，清算组（管理人）工作费用的来源问题。这有利于调动清算组工作积极性，有效推动清算程序的顺利进行。目前，可由公司每年年检时预缴一定的款项作为清算基金的来源，根据破产管理人的要求，管理人报酬基金账户设置于管理破产管理人名录的法院，向所有入录机构公开账簿情况，并且接受查阅。

（二）建立解散登记，督促公司开展自行清算

《公司法》中并未规定公司解散登记制度，根据《公司法》第二百二十三条的规定，公司应于出现解散事由15日内成立清算组，但因公司解散事由难以被债权人以及其他利害关系人知悉，故而难以启动相关救济机制。国外公司立法多对此有明确规定，如《德国有限责任公司法》规定：“公司解散应向商业登记所申请登记。”公司解散登记制度可以约束公司在发生解散事由后不成立清算组而直接注销登记的情形发生。解散事由出现的时点不确定或者难以确定时，必然影响清算组成立时点的判断。因此，应当尽快建立公司解散登记制度，以登记的时间作为公司解散事由出现的时点，以工商行政机关作为公司解散登记的机关。工商行政机关负责公司的设立、变更及注销登记，公司解散登记应当作为变更登记的类型之一，纳入工商登记的范围，由其登记解散更便捷、安全与高效。

（三）统一清算立法，确保清算程序有法可依

当前，实务中大量存在的非公司制企业的清算无法进入司法程序，衍生出诸多社会问题，即使在公司清算领域，相关规定也仍需完善：一是公司自行清算时程序的完善，包括清算组的选任、就任、更换等；二是清算中的公司开展与清算无关的经营活动的效力问题；三是股东或债权人对财产评估报告有异议时的处理方式；四是法院依职权调查的范围、方式；五是公司账册等保存的责任主体、保存期限、费用等。公司自行清算与强制清算均属于法定清算，相关程序设计应当摆脱宜粗不宜细的传统立法思维，细化各个环节的规定，确保清算程序有法可依。为回应现实需要，制定一部统一的清算法，应是当务之急。

（四）协调行政机关，确保清算终结注销登记

在清算终结程序中，突出存在两个问题：一是在法院以无法清算或无法全面清算终结清算程序时，税务机关不同意核销所欠税款；二是在终结清算程序后，清算组持法院的终结裁定办理工商注销登记时，工商管理机关不予办理。根本症结在于现有税务规章和清算程序之间存在的冲突，导致了税务机关和清算组以及债权人在清算终结过程中行为方式的矛盾。

一方面，应建立主动联系，将涉税问题前置介入强制清算程序。在审判实践中，涉税问题多是在清算终结后办理注销登记时才显现出来，此时清算组再征求税务机关的意见，由于缺少报批和内部讨论的时间，可能难以顺利地终结清算程序，注销申请被长期搁置，清算程序实际上无果而终，没有发挥其依法退市的作用。因此，法院应与相关税务机关建立主动的联系，在法院裁定受理强制清算案件，指定清算组后，应要求清算组在10日内向相关的税务机关报备，因为清算工作开始后，涉及清算所得税的处理问题，如不及时报备，会产生计税依据的不同。同时，清算组应向税务机关发出债权申报的通知，由税务机关掌握公司清算的事实，并及时核对欠税。与其在清算组拿到终结裁定后向税务机关申请

注销受阻，不如让税务机关前置参与清算工作，对于债务人的基本偿债情况有一定预期和准备，可进一步细化《税收征收管理法实施细则》第五十条的规定，明确在清算程序启动之后税务机关提前进行一些税收清理工作，包括核对欠税数额、审查纳税情况、控制发票和税控器具的使用等，为提前清偿税款做好准备。对尚能正常清算的公司，清理后对所欠税款应当按照规定的顺序清偿；而对部分有逃避纳税义务嫌疑的非正常公司，可以把税务清理和清缴税款合并进行。清算程序不仅可以固定公司清算前欠缴的税收，还可以计算出企业财产变现和清算所得新增加的税收，因此，在提前清理的基础上通过清算程序清偿税收的做法是有利于保护国家税收利益的。反之，如果税务机关仅仅是在明确债务人清偿能力之后进行单纯的清理和追缴欠税工作反而会因小失大，使国家的税收受到损失。

另一方面，应当明确责任主体，引导税务机关向清算义务人追缴欠税。对于公司无法清算的情形以及剩余债权的了结问题，《公司法司法解释二》第十八条第二款明确规定了无法清算时公司债权人可向清算义务人主张清偿责任。相关清算义务人对于无法清算的责任，在《清算纪要》第二十九条中予以再次明确。因此，应针对由于无法清算、无法全面清算而导致的未获清偿的税收债权，原则上可以比拟普通债权，向相关的清算义务人追缴。从某种程度上说，无法清算、无法全面清算局面的出现大多是清算义务人因故意或过失所致，清算义务人对于债权债务无法清理完毕，负有不可推卸的责任，税务机关应当要求清算义务人直接承担税款清偿责任。相比税务机关在未进行详细清算的情况下放弃追缴欠税或因欠税而导致清算程序无法终结以及进入费时费力破产程序却颗粒无收而言，比照普通债权向清算义务人追缴欠税更具合理性，当然相关的行政法规的配套仍然是不可或缺的前置要件。

（五）依据破产管理人制度对清算组制度进行设计

《企业破产法》中所规定的相关破产管理人制度，相应的角色定位较为清楚，职责和权利都较为明了，应当承担的责任较为确切。针对清算组相关制度进行设计，需要从如下几个层面入手。

首先，只是对相关中介机构加以指定，让其充当清算组，避免由于公司内部人员的参与而影响清算组的专业色彩与中立性。对于中介机构而言，若是需要公司内部相关人员参与对其工作的开展加以协助，可以对其进行聘用。

其次，清算组在日常经营行为中起到决策性作用，确保相关强制清算程序的有效执行。针对《企业破产法》中授权管理者可以行使的权利，作为清算组需要单独决策且加以实施。针对股东和债权人两者之间或是股东相互之间发生利益上的冲突但不应由其各自决议的相关事务，及其两者不能在第一时间内决议的相关事项，授权管理者需要完成相应决策，且申报法院予以批准或是加以确立。

最后，作为一些重大事项相关方案的提出人与决策人，清算组应对风险承担人所具有的决策权加以尊重。这时，清算组需要充当最终决策人相应的代理者，对相关决议加以实施。

（六）激活股东会决策机制

因为在公司强制清算相应程序中，股东是最终的风险承担人，所以需要使其具有类似于《企业破产法》中债权人对应的地位。对于强制清算决策机制，需要给予股东会企业破产清算相关程序中债权人会议相同的决策权，具体决策过程中需要根据股权比例实施表决。

另外，要想有效规避存在一定利害关系的股东利用以上决策流程作出对自身有利但会对其他主体造成一定损害的决议，需要采用关联股东在实际表决中加以回避的方式。针对股东大会可以决策的具体范围，需要根据《企业破产法》中的相关规定，详细包含如下内容：通过公司债务人财产的相关管理方案、通过公司破产财产的相关分配方案和分配方案会对股东最终利益分配产生影响的相关行为等。

（七）设立债权人会议

在公司强制清算程序存在可能性转至破产清算程序的过程中，公司债权人便极可能变成一些决策行为最终的风险承担人，需要给予公司债权人一定的决策权。详细内容可以进行以下设计。

首先，清算组在对强制清算公司进行接管之后，若是认定公司财产经过相应变价和处分程序之后，依然不能使公司所有的对外债务得到清算，需要向法院提出相应申请，诉求设置债权人会议。法院在对其作出相应审查之后，可以给出决定，对债权人会议加以设置。

其次，完成债权人会议的设置之后，债权人会议和股东便会启动二元决策机制，有关重大事务方案唯有在股东会与债权人会议一同通过的情况下，方能由清算组实施或是申报法院加以确立之后予以实施。

（八）还原法院程序主持者及推进者的角色

法院无须如当前规则中所规定的一样，作为各项事务的决策人，而是应作为一项事务的主持者与推进者，详细内容如下。

首先，针对清算组应单独作出决策的相关事务，法院无须介入其中，也不应给出相应指导性意见，交由清算组单独作出决策。

其次，针对债权人会议与股东会应作出决议的相关事务，清算组对相应的方案进行编制，且通过了债权人会议与股东会，法院只是实施合法性审查与形式性审查。

最后，针对债权人会议和股东会无法给出决议或是给出的决议存在一定矛盾或是清算组和债权人会议及股东会无法达成一致意见的情况，相应地推进程序必须实施决策，应交由法院对最终的决策权加以行使。不适合交由债权人会议与股东会进行决议的相关事务，也不适合交由清算组单独进行决策的相关事务，应交由法院对最终的决策权加以行使。

第二节　延展强制清算申请主体和启动事由

一、强制清算制度中申请主体之合理延展

（一）我国强制清算申请主体的局限性问题检视

第一，《公司法》规定了债权人为强制清算的申请主体，第二百三十三条规定逾期不成立清算组进行清算的，利害关系人可以申请人民法院指定有关人员组成清算组进行清算。债权人之所以可以成为债权人是由于公司清算的目的在于终止公司所有的完结的法律关系，其中最主要的则是债权债务关系。公司债权人的债权受偿的权利与清算公司息息相关，与此相对在股东承担有限责任的制度保护下，导致公司债权人被动地承担了公司的经营过程中的部分风险。因此，在法人人格终止时，赋予债权人申请人民法院公司强制清算程序具有正当性和必然性。

第二，即使在公司自行解散的情况下，公司清算包括对公司剩余资产的分配，实践中常常存在控股股东或实际控制人由于控制了公司的经营实体权利，以故意不进行清算或者拖延清算等方式转移公司资产等情形，即使后续股东可以提起诉讼维护权益，但需要花费的时间成本往往很大。因此，在债权人不行使该申请权利或怠于提起强制清算请求时，赋予股东这类主体提起强制清算的权利。由于股东对公司经营状况的了解程度要高于债权人，因此可以在加快促进公司清算的程序与进度的同时，起到保护中小股东的合法权益的作用。

第三，实践中股东大会决议等自行解散的情形，《公司法》并未强制性规定公司应当将解散的决定告知公司债权人，债权人往往消息滞后，因此当解散之日起届满十五日，公司未成立清算组进行自行清算时赋予股东提请强制清算的权利有利于提高清算程序的效率。在司法实践中，

债权人相较于强制清算更倾向于选择“刺破法人面纱”而提起股东承担民事责任的诉讼，或者申请保全、执行等方式实现自己的利益。与之对比，中小股东的利益保护明显较为弱势，在公司经营中往往是控股股东的决策错误以及高级管理人员的经营不善导致公司走向解散与清算的终结之路，中小股东并未过多参与公司经营、知晓公司的核心信息，因此在公司清算时，保障中小股东的知情权以及收益权显得更加重要。在司法解释中，将公司股东纳入强制清算申请主体有利于解决司法实践中的纠纷以及保护各方的合法利益。公司清算的目的在于了结公司债权债务并分配公司剩余资产，股东和债权人都有权请求公司作出给付，唯在给付顺序上应当先满足债权人请求，再将剩余财产分配给公司股东。因此，在申请强制清算时，除公司债权人以外，公司股东也应当享有申请法院强制执行的权利。

第四，《民法典》第七十条规定了清算义务人若未及时履行清算义务，造成损害的，主管机关或者利害关系人可以申请人民法院指定有关人员进行清算。该条规定在一定程度上拓宽了强制清算的申请主体，利害关系人应当被认定为遭受实际损失的主体。但该条主管机关的认定过于笼统，在实践中法人的主管机关是股东（大）会、市场监管部门抑或是其他政府机关？然而，若将市场监管部门或者是其他政府机关认定为主管机关，便容易打破市场经济的市场主体地位，也容易造成公权力滥用的结果。因此，笔者建议出台相关的司法解释来阐释该条中的“利害关系人”具体包括哪些主体。自20世纪30年代以来，美国学术界曾一度激烈地展开一场关于公司社会责任的讨论与辩论，坚持公司社会责任观点的学者认为，公司在对股东承担保证其利益最大化的责任的同时，还应当对其雇员（职工）、消费者、债权人、中小竞争者、当地社区、环境、社会弱者以及整个社会等利益相关者承担责任。因此，笔者认为，我国是否可以在公司债权人、股东作为申请主体的同时，将职工（包括董事、监事和高级管理人员）、消费者以及其他主体包括在强制清算的申请主体的利害关系人之中。

（二）日本强制清算申请主体中的清算人与监事

《日本公司法》规定申请强制清算的主体包括债权人、清算人、监事以及股东，但在公司有债务超过资产之嫌的情况下，规定清算人必须申请强制清算。由此可以看出，对比我国的强制清算的申请主体，《日本公司法》多了清算人与监事为申请主体。

1.清算人作为强制清算申请人的可行性分析

日本将清算人作为强制清算的申请主体是由于清算人是整个清算过程中最主要的参与主体，直接清算程序的每个阶段对于清算中公司资产的分配和债务的清偿起着至关重要的作用，可以称得上是清算程序的核心组成部分。根据《日本公司法》的规定，清算股份有限公司的清算人一般由以下几类主体组成，其一是清算公司的董事，其二是公司章程规定的主体或机构，还可以是经股东（大）会决议产生的人以及自行清算未选任清算人的前提下由法院指定的清算人。清算人对于公司财务状况十分熟悉，因此在发现公司有负债超过资产的嫌疑时，应当向法院提出进入强制清算程序。

一般在自行清算的情形中，清算人通常为公司的董事、股东或高级管理人员，抑或是对公司财务管理和经营管理较为熟悉的财务人员和管理人员，也存在清算公司聘请第三方专业机构对公司进行清算事务的情形。因此，在清算人对公司进行清算事务的过程中，若发现公司的资产存在负债的可能性，作为清算人的勤勉和中立公平的职能，应当向法院申请强制清算以保护公司和债权人的最大利益。

2.监事作为强制清算申请人的合理性分析

日本将监事作为强制清算的申请主体是由于在《日本公司法》改革过程中，监事制度发挥的作用越来越大，因此将此纳入了申请强制清算的主体。监事具有质询和监督的权利，对于公司的财产和经营状况进行监督及建议，因此从监事的职能及强制清算的目的来看，将有利于推进强制清算的适用以及保护债权人、股东和其他利害关系者的合法权益。

因此，即使监事在自行清算中未担任清算人，对于清算事务仍享有监督和质询的权利，在自行清算受到显著障碍时，应当有权向法院提起进入强制清算。

对比我国，《公司法》第七十八条规定："监事会、不设监事会的公司的监事行使下列职权：（一）检查公司财务；（二）对董事、高级管理人员执行公司职务的行为进行监督，对违反法律、行政法规、公司章程或者股东会决议的董事、高级管理人员提出解任的建议；（三）当董事、高级管理人员的行为损害公司的利益时，要求董事、高级管理人员予以纠正；（四）提议召开临时股东会会议，在董事会不履行本法规定的召集和主持股东会会议职责时召集和主持股东会会议；（五）向股东会会议提出提案；（六）依照本法第一百八十九条的规定，对董事、高级管理人员提起诉讼；（七）公司章程规定的其他职权。"当然，在公司设立监事会中有职工监事的情况下，职工监事还要监督公司是否存在损害职工合法权益的行为。《公司法》第七十九条规定："监事可以列席董事会会议，并对董事会决议事项提出质询或者建议。监事会发现公司经营情况异常，可以进行调查；必要时，可以聘请会计师事务所等协助其工作，费用由公司承担。"因此，监事在公司解散后不成立清算组进行清算时应当督促相关清算义务人进行清算，若公司虽开始自行清算但可能存在违法清算情形下，有权通过聘请会计师事务所协助其工作等方式对清算事务进行调查，费用由公司承担。从公司监事制度的定位和功能来看，其在强制清算工作中也应当扮演监督者的角色，因此，笔者建议我国也应当将监事纳入强制清算的申请人的范围，有助于提高我国强制清算在司法实践中的适用。

（三）我国扩展强制清算的申请主体的优化路径选择

笔者认为，我国强制清算在实践中的适用不高的最主要原因为强制清算启动难的问题。我国规定的强制清算的申请人本身就是相对弱势的主体，且只规定了股东和债权人两类主体，导致股东和债权人怠于和难于选择强制清算的途径来维护自身的合法权益。

首先，我国可以借鉴日本强制清算制度中的相关规定，将自行清算中的清算人作为申请强制清算的主体之一。在公司清算的法律关系中，清算人与公司之间的法律关系应当视为委托代理关系。根据代理制度和理论，无论是意定代理的代理人还是法定代理的代理人，都负有勤勉工作并为本人谋取利益的义务。清算人的职能与义务也决定了清算人在清算事务中始终保持中立的角色，尽可能平衡清算公司、公司股东、公司债权人以及其他利害关系者之间的合法权益。因此，清算人若在清算事务中发现公司可能存在“资不抵债”嫌疑的，应当申请法院介入，进入特别的清算程序即强制清算程序以保护债权人的合法权益。

其次，应当将监事作为强制清算制度的申请人。监事在公司经营过程中充当的是监督者的角色。在公司运营良好时，主要是监督董事和高级管理人员的经营活动，以防其通过对公司的控制谋取私利以损害公司的合法权益，在公司解散进行自行清算时，应当发挥更有力的监督作用。若存在清算公司应当成立清算组进行清算工作却迟迟不成立清算组进行自行清算的，监事应当督促公司及时成立清算组进行清算工作，并对成立清算组后的清算事务进行监督。若发现公司清算组拖延清算或者违法清算行为时，及时进行问询，若经问询后清算组仍不改正的，监事可以申请法院进入强制清算工作。除此之外，监事还运用查阅公司账簿的权利，在公司清算过程中发现公司可能存在资不抵债情形的，可以申请法院进入强制清算程序。

最后，公司董事、高级管理人员及公司职工在发现公司清算过程中存在清算工作长期未开展或未实质性开展、清算组存在违法清算行为等情形时，特别是公司董事、高级管理人员在发现公司控股股东、实际控制人故意丢失、毁损公司账簿或者虚构债权债务关系导致公司可能存在资不抵债情形时，应当赋予董事、高级管理人员及公司职工向法院申请进入强制清算程序的权利，以保护其自身的合法权益。笔者认为，可以对《民法典》第七十条中的利害关系人进行司法解释，将此解释为公司清算过程中合法权益受到损失的主体包括但不限于公司股东、董事、监事、高级管理人员、职工、公司外部债权人和竞争对手等。

二、强制清算制度中启动事由之适当扩展

（一）我国强制清算启动事由的适用难问题审视

根据《公司法》的规定，逾期不成立清算组进行清算的，债权人可以申请法院指定有关人员组成清算组进行清算。因此，“逾期不成立清算组进行清算”成为强制清算的启动事由，但由于《公司法》对于该事由的规定过于笼统，因此《公司法司法解释二》第七条对于强制清算的启动事由有了更为明确的规定，将公司解散逾期不成立清算组进行清算、虽然成立清算组但故意拖延清算、违法清算可能严重损害债权人或者股东利益三种情形作为强制清算的启动事由。

1.我国强制清算中的启动事由相关规定

（1）公司解散逾期不成立清算组进行清算

《公司法》第二百三十二条规定：“公司因本法第二百二十九条第一项、第二项、第四项、第五项规定而解散的，应当清算。董事为公司清算义务人，应当在解散事由出现之日起十五日内成立清算组进行清算。清算组由董事组成，但是公司章程另有规定或者债权人造成损失的，应当承担赔偿责任。”第二百三十三条规定：“逾期不成立清算组进行清算或者成立清算组后不清算的，利害关系人可以申请人民法院指定有关人员组成清算组进行清算。人民法院应当受理该申请，并及时组织清算组进行清算。”第二百二十九条规定：“公司因下列原因解散：（一）公司章程规定的营业期限届满或者公司章程规定的其他解散事由出现；（二）股东会决议解散；（三）因公司合并或者分立需要解散；（四）依法被吊销营业执照、责令关闭或者被撤销；（五）人民法院依照本法第二百三十一

条的规定予以解散。”该解散事由出现之日应当认定为公司章程规定的营业期限届满之日和其他解散事由出现之日，清算公司作出解散决议的股东会或股东大会决议签署之日，依法被有关部门吊销营业执照、责令关闭或被撤销之日以及司法解散事由的裁判之日。在此种情形下，“逾期”的认定应当为超过以上公司解散事由出现之日起十五日，债权人均可申请人民法院申请强制清算。

由于以上公司解散事由之日具有一定的确定性，从一定程度上有利于强制清算程序的启动。经申请主体向法院申请强制清算，通过介入公权力来提高公司清算的效率，保护利害关系者的权益，也实现了公司的有序退出。

（2）虽然成立清算组但故意拖延清算

关于该类情形，主要是公司开始进行自行清算，但是相关主体却故意拖延清算导致清算工作无法顺利开展，从而导致相关主体的合法权益受到侵害。一种是公司的股东（特指控股股东）、实际控制人、董事、监事或高级管理人员在进行清算事务时，故意拖延逃避公司债务损害公司债权人的情形；另一种则是公司大股东故意拖延清算意欲逃避分红或分配公司剩余的资产损害其他中小股东利益的情形。在此种情况下，由于存在公司的股东（特指控股股东）、实际控制人、董事、监事或高级管理人员通过故意拖延清算组、伺机篡改财务数据或毁损会计账簿等方式导致严重侵犯债权人、公司股东以及其他利害关系人的合法权益，故将其作为强制清算的启动事由之一。

《清算纪要》第七条规定：“公司解散后已经自行成立清算组进行清算，但债权人或者股东以其故意拖延清算，或者存在其他违法清算可能严重损害债权人或者股东利益为由，申请企业进入强制清算的，申请人还应当向人民法院提交公司故意拖延清算，或者存在其他违法清算行为可能严重损害其利益的相应证据材料。”根据此规定，申请人如以清算组故意拖延清算为由向法院申请强制清算的，应当向法院提交相关证据证明“清算组故意拖延清算”的事实，诉讼中需要举证证明清算组具有拖延清算的主观故意，出现清算工作无法顺利开展的结果并不存在客观因素。根据笔者在中国裁判文书网对于申请公司强制清算的案例，虽然成立清算组但故意拖延清算的情形主要有以下几种。

首先是清算工作持续较长时间仍未完成。根据笔者在中国裁判文书网的检索，温州××房地产开发有限公司申请公司清算强制清算案中，法院认为被上诉人××公司的清算组曾对申请人表示力争于2019年6月30日前完成清算，但没有正当理由至今未完成清算工作，甚至清算工作开展至今两年多却还未理清债权债务清册，有故意拖延清算的情形。因此，公司在进行自行清算后需要正常有序地开展清算工作，并且应当在合理的期限内完成清算工作，若清算工作久而不决有没有阻碍清算工作的客观因素，法院可以认定为故意拖延清算工作。

其次是清算组不依照法定程序，清算工作未有实质性进展。根据笔者在中国裁判文书网的检索，××申请公司清算案中，法院认为：被上诉人承认没有编制资产负债表和财产清单、制订清算方案并报股东大会确认，而且对此未能作出合理解释，显然违反了《公司法》关于清算组职责的规定，可认定被上诉人在清算期间有故意拖延清算或者其他违法清算并可能严重损害股东利益的行为。

（3）违法清算可能严重损害债权人或者股东利益

《公司法司法解释二》规定在“违法清算可能严重损害债权人或者股东利益”的情形下可以启动强制清算。这是由于清算组在执行清算事务中可能违反相关法律法规，并未公平地清偿公司债务、分配公司财产，致使相关债权人或股东的合法权益遭到很大程度的损失。

因此，基于上述三种情形导致公司在解散事由出现后不开展自行清算工作、在自行清算过程中导致清算事务一度或长期停滞、无法继续开展以及在自行清算中严重损害股东或债权人的权益时，需要介入公权力来提供公平正义的救济。

2.启动事由中的申请人苦于举证的困境

有学者认为，乍一看我国强制清算启动事由的分类较全，大致可以分为两种情况。第一种是若出现“解散后逾期不成立清算组”的情形，公司债权人或股东可申请法院进行强制清算。在该种情形下，相关申请主体比较容易举证证明公司解散后不成立清算组进行清算。第二种是若公司在解散后成立了清算组进行自行清算，但自行清算发生严重阻碍时，即“时间”上由于长时间不进行清算事务导致自行清算停滞不前，以及在“行为”上清算组的不作为或作为导致违法清算严重损害了股东或债权人的合法权益，股东或债权人始得寻求该途径来保护自身的合法权益。

然而，在该两种情形中，根据《清算纪要》第七条的相关规定，“公司债权人或者股东向人民法院申请强制清算应当提交清算申请书。申请书应当载明申请人、被申请人的基本情况和申请的事实和理由。同时，申请人应当向人民法院提交被申请人已经发生解散事由以及申请人对被申请人享有债权或者股权的有关证据。公司解散后已经自行成立清算组进行的事实和理由。同时，申请人应当向人民法院提交被申请人已经发生解散事由以及申请人对被申请人享有债权或者股权的有关证据。公司解散后已经自行成立清算组进行清算，但债权人或者股东以其故意拖延清算，或者存在其他违法清算可能严重损害债权人或者股东利益为由，申请人民法院强制清算的，申请人还应当向人民法院提交公司故意拖延清算，或者存在其他违法清算行为可能严重损害其利益的相应证据材料”，相关申请主体需要证明拖延清算工作的“故意”以及违法清算中的“违法行为”“违法的故意”“违法的结果”等，这明显在实践操作中存在一定的难度。债权人对于公司而言，属于外部人员，对于公司的资产情况特别是账簿、债权债务关系根本无从得知，而合法权益受到损失的中小股东常常未直接参与公司的经营管理，对于公司账簿的查阅权利也比较小。因此，在这种情况下，债权人和中小股东往往较难收集证据证明清算组的故意拖延和违法清算行为。

（二）日本强制清算启动事由的“有资不抵债嫌疑”

1. 日本强制清算启动事由的相关规定

《日本公司法》规定了股份公司解散的事由主要包括公司章程上规定的事业运营有效期到期、公司章程上规定的解散理由的达成、股东会的决定、并购造成公司解散的情况、开始申请破产手续的情况、通过地方法院判决决定的情况以及长期休眠的公司。

在此解散制度的基础上，《日本公司法》规定了“强制清算”的情形。对于股份有限公司，法院认为存在以下两类情形的，应当依请求命令对该清算股份有限公司开始强制清算：一类是“有显著妨碍清算的事由”；另一类是“有资不抵债（存在清算股份有限公司的财产不足以清偿债务的状态）嫌疑”。

首先，关于“有显著妨碍清算的事由”，主要有以下三种情况。一是为清算人的障碍。即在自行清算中，清算人无法顺利被选任的情形，主要表现为清算人丧失民事行为能力或虽然被选任但无法有效地进行清算任务，从而严重阻碍自行清算。二是清算事务受到阻碍。即清算报告无法通过股东（大）会的决议或其他各方权利主体无法就清算方案达成一致意见出现僵局的状态，从而严重阻碍清算的进程。三是存在清算标的障碍，如清算财产被强制查封或为禁止流通之物等。

其次，关于“有资不抵债嫌疑”是指公司从形式上或者从账面上看其负债虽然超过公司财产，但事实上可能因公司人员恶意串通虚构债权债务关系等情形存在抵销或盈余的可能性，因此公司负债是否超过资产尚且存疑。此时，若从形式上判断公司负债超过资产直接进入破产程序，暂且不论破产程序的复杂性和债权受偿比例过低的弊端，更会导致债权人合法权益受到损失、扰乱公平正义的市场经济秩序的消极结果。

因此，笔者认为日本强制清算程序中将“有资不抵债嫌疑”作为强制清算程序的启动事由，相对于拓宽了启动事由的范围，赋予了法院一定的自由裁量权，法院可以介入公权力通过第三方专业机构对清算公司资产和负债进行评估后，裁定是否进入强制清算。

2.“有资不抵债嫌疑”的定位与功能分析

首先，强制清算并非取代破产清算，而是预防破产。日本法制审议会的破产法特别清算分科会的会议中指出，强制清算和破产清算的定位并非横向主要规则和特别规则或者一般法律和特别法律的关系，强制清算是作为预防破产而存在的。强制清算的主要功能和目的是保护债权人的利益和防止破产，严格执行正常的清算程序。

我国并没有将“有资不抵债嫌疑”作为强制清算的启动事由，其考虑之一也是欲将强制清算和破产清算区分开来。然而，在实践中自行清算存在最大的阻碍——公司资产和资金流出现问题，这导致相关主体直接越过强制清算而选择破产清算程序，而实际上该清算公司并没有到破产的程度，从而导致社会资源的一定浪费。因此，我国将“有资不抵债嫌疑”纳入强制清算的启动事由将在一定程度上预防中小公司破产，从而使债权人的合法权益得到保障。

这实际上是赋予法院自由裁量权来裁定清算公司是否“有资不抵债嫌疑”，从而提高强制清算的适用程度。笔者在上文已经论述的我国的三种启动事由其实就是日本清算适用事由的“有显著妨碍清算的事由”，而“有资不抵债嫌疑”则是相较于我国强制清算启动事由中拓宽的部分，对于我国提高强制清算的适用程度以及更好地衔接强制清算和破产清算具有重要的借鉴意义。

（三）我国强制清算的启动事由的优化路径选择

1.降低申请人申请强制清算的举证难度

笔者认为，在启动事由中“虽成立清算组但故意拖延清算”中的“故意”的情形需要强制清算的申请人进行举证。由于故意属于主观判断，在故意拖延清算者提前采取措施的情形下申请强制清算的申请人取证难度较大，并且该条的侧重点应当是“拖延”导致自行清算无法顺利开展。笔者认为，应当删去“故意”以扩大申请强制清算的启动事由，保障股东、债权人以及其他利害关系人自身权益。可以将“故意”替换为在一定时间内未开展清算事务或虽进行清算工作但未取得实质性进展，来降低债权人和股东的举证难度。

2.将“有资不抵债嫌疑”纳入启动事由

上文叙述了我国申请人在申请强制清算制度中，由于对强制清算的启动事由的举证较为困难，因此将“有资不抵债嫌疑”情形纳入强制清算的启动事由可以扩大强制清算的启动事由范围。一方面，当清算组在对公司资产与财产进行盘点、编制资产负债表和财产清单之后，若发现存在公司财产不足以清偿所有负债的可能性时，清算组可以申请法院进入强制清算程序；另一方面，在债权人可以以清算公司“有资不抵债嫌疑”向法院提起进入强制清算的事由的，可以参考《企业破产法》中第十一条的相关规定，在债权人提出申请后，法院应当自裁定作出之日起在一定时间内要求清算公司提交相关财产状况说明、债务清册、债权清册等财务资料和债权债务关系说明，由法院自由裁量清算公司是否有该嫌疑进入强制清算程序。当然，若提交的财务资料和债权债务关系说明足以证明清算公司资不抵债的，法院应当告知债权人后，根据债权人的申请进入破产程序，这也有利于我国强制清算和破产清算制度的衔接。

第三节　完善清算人的组织监督机制和清算责任机制

一、加强对强制清算的清算人的监督

（一）我国强制清算中对清算人监督薄弱的问题分析

1.我国强制清算的清算组人员的选任问题

根据《公司法》第二百三十二条的规定，董事为公司的清算义务人，应当在解散事由出现之日起十五日内组成清算组进行清算。清算组由董

事组成，但公司章程另有规定或者股东会决议另选他人的除外。清算义务人未及时履行清算义务，给公司或者债权人造成损失的，应当承担赔偿责任。如果董事因怠于履行义务导致公司主要财产、账册、重要文件等灭失，无法进行清算，债权人可以主张其对公司债务承担连带清偿责任。直到《民法典》的颁布，才引入“清算义务人”的概念。《民法典》第七十条规定：“法人解散的，除合并或者分立的情形外，清算义务人应当及时组成清算组进行清算。法人的董事、理事等执行机构或者决策机构的成员为清算义务人。法律、行政法规另有规定的，依照其规定。清算义务人未及时履行清算义务，造成损害的，应当承担民事责任；主管机关或者利害关系人可以申请人民法院指定有关人员组成清算组进行清算。”因此，该清算义务人的构成应当是公司在进行自行清算的清算组的构成人员①。

而关于强制清算组的清算组人员，《公司法》并未对清算组的人员构成作出明确规定，而是在《公司法司法解释二》第八条中规定：“人民法院受理公司清算案件，应当及时指定有关人员组成清算组。清算组成员可以从下列人员或者机构中产生：（一）公司股东、董事、监事、高级管理人员；（二）依法设立的律师事务所、会计师事务所、破产清算事务所等社会中介机构；（三）依法设立的律师事务所、会计师事务所、破产清算事务所等社会中介机构中具备相关专业知识并取得执业资格的人员。”该条第二、三款类似于《企业破产法》中法院指定的破产管理人的相关规定。

2.公司股东、董事、高级管理人员

公司股东、董事与高级管理人员可以成为强制清算的清算人是区别于破产清算管理人的一点，这是由于强制清算不仅包括对公司债务的清偿，还包括对公司剩余资产的分配。与破产清算基本不涉及公司股东、董事与高级管理人员的利益不同，强制清算还包括对公司股东的权益保

①何泽鑫．公司清算义务人的责任研究[D]．长沙：中南林业科技大学，2022.

护，对董事、高级管理人员以及职工的薪资保护。与破产清算另外的区别在于强制清算在程序上比较简洁高效，因此考虑公司股东、董事与高级管理人员参与公司日常的经营管理活动，特别是对公司的财务、资产负债等较为熟悉，有利于强制清算程序的顺利开展与迅速终结，促进市场经济的高效率循环。

3.依法设立的律师事务所、会计师事务所、破产清算事务所等社会中介机构及这些机构中具备相关专业知识并取得执业资格的人员

法院应当选任依法设立的律师事务所、会计师事务所、破产清算事务所等社会中介机构及这些机构具备相关专业知识并取得执业资格的人员作为清算组的构成人员。这是由于强制清算中的启动事由大多由于公司自行清算中常常出现股东、董事或高级管理人员对于清算事务的不配合，例如，故意拖延期限迟迟不成立清算组开展清算工作或蓄意降低工作效率以拖延清算进度，甚至违法清算导致严重损害债权人和部分股东的合法权益。除上述原因外，另一个重要原因是这些社会中介机构具备法律、财务等专业知识，能够发挥专业优势使公司强制清算在高效率开展的同时，保障公司强制清算的公平正义，保护公司债权人、公司股东的合法权益。

我国强制清算程序中，清算组是最核心的组织，决定了清算工作的正常有序以及顺利公允地进行。然而我国强制清算中关于清算组选任中存在着许多问题。首先是对清算人的消极资格并未作相应的规定。清算人的消极资格，是指法律法规规定的不可担任清算人的限制性和排除性条件。笔者认为，清算人应当准用《公司法》第一百七十八条关于董事、监事和高级管理人员的消极资格，即“有下列情形之一的，不得担任公司的董事、监事、高级管理人员：（一）无民事行为能力或者限制民事行为能力；（二）因贪污、贿赂、侵占财产、挪用财产或者破坏社会主义市场经济秩序，被判处刑罚，或者因犯罪被剥夺政治权利，执行期满未逾五年，被宣告缓刑的，自缓刑考验期满之日起未逾二年；（三）担任破产

清算的公司、企业的董事或者厂长、经理，对该公司、企业的破产负有个人责任的，自该公司、企业破产清算完结之日起未逾三年；（四）担任因违法被吊销营业执照、责令关闭的公司、企业的法定代表人，并负有个人责任的，自该公司、企业被吊销营业执照、责令关闭之日起未逾三年；（五）个人所负数额较大债务到期未清偿被人民法院列为失信被执行人。违反前款规定选举、委派董事、监事或者聘任高级管理人员的，该选举、委派或者聘任无效"，从民事行为能力、是否存在经济类刑事处罚情形、是否存在承担破产案件的相关责任、是否存在经营企业被吊销营业执照以及存在个人债务问题等方面加以限制，以更好地维护清算工作的公允性。

然而法院在选任清算组成员时，缺少相应的公示制度、利益冲突制度和监督制度，以预防中介机构与清算公司及股东、董事以及高级管理人员存在利益输送和利益倾斜的情形，或出现与公司债权人、职工以及相关利害关系人存在利益冲突等情形。

4.强制清算中清算组人员的先后顺位问题

强制清算一般是由于自行清算受到严重阻碍后为了保护公司股东、债权人以及其他利害关系人的一种强制清算程序。其中，该显著阻碍常常是自行清算中公司控股股东或实际控制人操控公司导致公司清算事务严重受阻，或者公司董事、高级管理人员等组成的清算组怠于履行清算事务。我国将公司股东、董事、监事、高级管理人员作为强制清算清算组成员的第一顺位，显然是不合理的。强制清算中的清算人应当始终保持中立的态度。公司的资产与公司股东、董事、高级管理人员特别是控股股东及实际控制人有一定的利益关系，因此笔者认为法院应当建立以中介机构及其专业人员为核心的清算组成员，以更好地达到公平公正的目的。

我国对于清算人以及清算组的监督机制尚不健全，主要规定了清算人的选任及更换，但对于清算组组成后的清算事务如何进行有效的监督并没有作出具体的规定，容易导致清算过程存在一定的任意性。对于清算人的监督主要在于规定清算人对侵权的法律责任的承担，属于被侵权人的事后救济途径，缺乏事前、事中的监督机制则无疑加重了被侵权人保护自身合法权益的成本。

（二）设立对强制清算中的清算人的专门监督机构

我国现行法律并未规定人民法院设立专门机构去监督清算组成员和清算工作，日本则专门委派了相关人员去监督清算人员的工作。根据《日本公司法》的规定，清算股份有限公司的清算人可以为董事、章程规定的人、经股东大会决议选任的人以及在没有清算人的前提下法院指定的清算人。除了法律规定的清算人之外，监督委员和调查委员是《日本公司法》的清算制度的一大特色，主要功能是行使法院无法全面履行的监督权力。监督委员和调查委员均由法院选任，并由法院进行监督，其薪酬也由法院在清算费用中预支。

根据《日本公司法》的规定，监督委员可随时要求清算公司的清算人、监事、经理以及其他雇员提供事业报告（类似于我国的审计报告），还可以对清算公司的业务和财产状况展开调查，在必要时可以要求清算的股份有限公司的子公司提供相应的事业报告以及业务财产状况。该条还规定调查委员会可以在法院授权的范围内对清算公司展开相应的调查事项。监督委员和调查委员虽然不是清算人，但对于强制清算的工作特别是债务清偿与财产分配的公平性产生了巨大作用。

综上所述，日本强制清算中，监督委员和调查委员其实是法院选任的，代替法院担任了对清算事务进行监督的角色，其职能最大的优势是对清算事务的监督，能够促使清算人在清算工作中主动进行勤勉义务的同时，由于被动接受监督委员和调查委员的监督而愈加公平、正义地进行清算工作。我国可以参照日本由法院委派监督人员对强制清算中的清算组成员以及清算事务进行监督，当监督人员发现清算事务中存在异常行为或违法行为时，及时报告法院，由法院对清算工作进行调查，以更好地保护各方的合法权益。

二、强制清算制度相关清算责任机制之健全

（一）我国强制清算制度中法律责任的类型分析

1.清算义务人的清算责任

清算责任是公司解散后，清算义务人未依照法律法规规定的期限和程序对公司进行清算而应当承担的民事责任。首先，清算义务人的清算责任是一种法定责任。《民法典》第七十条规定："清算义务人未及时履行清算义务，造成损害的，应当承担民事责任；主管机关或者利害关系人可以申请人民法院指定有关人员组成清算组进行清算。"《公司法司法解释二》第十八条规定："有限责任公司的股东、股份有限公司的董事和控股股东未在法定期限内成立清算组开始清算，导致公司财产贬值、流失、毁损或者灭失，债权人主张其在造成损失范围内对公司债务承担赔偿责任的，人民法院应依法予以支持。"

其次，清算责任是清算义务人组织清算人对公司进行依法清算的责任，是一种执行事务的行为责任。其行为包括不作为的行为：一种是在法定期限内未成立清算组进行清算，即根本未履行清算义务；另一种则是虽成立清算组，但却未及时开始清算，即怠于履行清算义务。

根据不同行为造成的损失不同，其承担责任的方式也存在着一定的差异。若清算义务人根本未履行清算义务的，根据《公司法司法解释二》第十八条第一款的规定，有限公司股东、股份公司的董事和控股股东应当对造成的损失承担赔偿责任。由于该款规定仅仅是清算义务人不作为的侵权行为，其造成的损失一般较小，因此规定为在损失范围内承担赔偿责任。然而，若清算组在清算过程中进行故意的以作为的表现形式侵权行为，如《公司法司法解释二》第十八条第二款的规定，有限公司股东、股份公司的董事和控股股东故意毁损、灭失公司主要账簿等财产资产性文件，导致公司无法进行清算的情形，即"有限责任公司的股东、股份有限公司的董事和控股股东因怠于履行义务，导致公司主要财产、

账册、重要文件等灭失，无法进行清算”，以及《公司法司法解释二》第十九条规定的清算义务人虚假注销的情形，即“有限责任公司的股东、股份有限公司的董事和控股股东，以及公司的实际控制人在公司解散后，恶意处置公司财产给债权人造成损失，或者未经依法清算，以虚假的清算报告骗取公司登记机关办理法人注销登记”，应当对公司债务承担连带清偿责任债权人。这是由于清算义务人此时不单单是不作为影响了相关利害关系人的利益，而是以更恶劣的侵权行为导致公司无法清算或欺骗相关主管机关，导致公司债权人、中小股东或其他利害关系人的合法权益在很大程度上得不到实现，严重浪费了社会资源，因此清算义务人应当对其恶劣侵权行为承担全部责任，即刺破公司独立法人人格的面纱，对公司债务承担起连带清偿责任。

2. 清算组的清算责任分析

在公司清算中，规定了清算组在清算事务中的各项赔偿责任，当清算人违反其忠实义务和谨慎义务时，需要承担民事赔偿、行政处罚甚至刑事处罚。

（1）清算人损害赔偿责任的法理依据

清算人在执行清算事务时，与公司的关系属于委托代理关系。根据代理制度，代理人负有勤勉义务，因此清算人在履行职务时，必须以清算公司的最大利益为出发点。清算组还应当平衡债权人和公司股东的合法权益，不得作出有损于公司、公司股东以及债权人利益的行为，否则应当承担相应的赔偿责任。若清算人在清算中侵占公司财产的，属于侵权行为，应当承担侵权的民事责任。

（2）赔偿责任的具体规定

《公司法司法解释二》第十一条规定：“公司清算时，清算组应当按照公司法第一百八十五条的规定，将公司解散清算事宜书面通知全体已知债权人，并根据公司规模和营业地域范围在全国或者公司注册登记地省级有影响的报纸上进行公告。清算组未按照前款规定履行通知和公告义务，导致债权人未及时申报债权而未获清偿，债权人主张清算组成员对因此造成的损失承担赔偿责任的，人民法院应依法予以支持。”在该条未按照规定履行通告和公告义务的，主要存在完全不履行和履行不当。在强制清算中，由于法院的介入，完全不履行通知和公告义务的概率较小，一般为不当履行的情形。即可能通知了债权人但未进行公告，抑或是进行公告但未通知债权人，再者是未通知全部债权人，导致部分债权人未及时申报债权的情形。实务中也存在未根据公司规模和营业地域范围在全国或者公司注册登记地省级有影响的报纸上进行公告的情形。在上述情况下，清算组成员对于债权人的损失应当承担赔偿责任，并且《公司法司法解释二》第十三条规定了补正情形，因此清算组对于债权人的补充申报进行登记后不影响债权人权益受损的，可以免责。应当注意清算组承担责任的前提须为清算组未履行通知和公告的行为与债权人利益受损具有因果关系，且该赔偿责任的实现属于“不告不理”，必须由债权人向法院主张，法院不得依照职权主动审查。《公司法司法解释二》第二十三条还规定了清算组公司违法违规行为应当承担的赔偿责任：“清算组成员从事清算事务时，违反法律、行政法规或者公司章程给公司或者债权人造成损失，公司或者债权人主张其承担赔偿责任的，人民法院应依法予以支持。”

（3）强制清算中的刑事责任和行政责任

除以上提到的民事责任以外，关于强制清算还规定了相应的刑事责任和行政责任。

刑事责任主要规定为妨碍清算罪，主要规定在《中华人民共和国刑法》（以下简称《刑法》）第一百六十二条。它是指公司进行清算时，存在将公司财产转移或私自藏匿的现象，或对资产负债表、清算报告等隐瞒真实情况或作虚伪记载的以及在清算结束前将公司财产进行分配造成相关人员的合法权益受到严重损失。《刑法》第一百六十二条规定：“公司、企业进行清算时，隐匿财产，对资产负债表或者财产清单作虚伪记载或者在未清偿债务前分配公司、企业财产，严重损害债权人或者其他人利益的，对其直接负责的主管人员和其他直接责任人员，处五年以下有期徒刑或者拘役，并处或者单处二万元以上二十万元以下罚金。”该刑事责任主要是规范损失程度较大、影响范围较广的清算案件，但实际根据该罪名进行处罚的案件极少。根据在中国裁判文书网以“妨碍清算罪”为关键词的搜索，2014年至今的裁判文书仅23篇，共计17个案件，其中刑事案件仅为10件。其中，妨碍清算罪的行为表现形式主要有以下两种。其一为隐匿账簿或在财务资料中作假，如黄××骗取贷款罪、职务侵占罪、合同诈骗罪案件中，被告在公司清算时对公司负债作虚伪记载，虚假数额达305万元，与真正债权人一起参加破产债权分配，严重损害真正债权人的利益。其二为未按法定期限进行清算，如俞××二审案件中的妨碍清算案件中，当事人在司法解散判决生效后6个月内未进行清算，构成妨碍清算罪。

行政责任主要规定在《公司法》第二百五十五条、第二百五十六条第二百五十五条规定：“公司在合并、分立、减少注册资本或者进行清算时，不依照本法规定通知或者公告债权人的，由公司登记机关责令改正，对公司处以一万元以上十万元以下的罚款。”第二百五十六条规定：“公司在进行清算时，隐匿财产，对资产负债表或者财产清单作虚假记载，或者在未清偿债务前分配公司财产的，由公司登记机关责令改正，对公司处以隐匿财产或者未清偿债务前分配公司财产金额百分之五以上百分之十以下的罚款；对直接负责的主管人员和其他直接责任人员处以一万元以上十万元以下的罚款。”《公司法》第二百零六条规定：“债券受托管理人应当勤勉尽责，公正履行受托管理职责，不得损害债券持有人利益。受托管理人与债券持有人存在利益冲突可能损害债券持有人利益的，债券持有人会议可以决议变更债券受托管理人。债券受托管理人违反法律、行政法规或者债券持有人会议决议，损害债券持有人利益的，应当承担赔偿责任。”在实践中，行政处罚的缘由大多为提交注销登记的清算报告中存在虚假记载的情形。如北京市密云区市场监督管理局向北京××商业管理有限公司出具的行政处罚中，主管部门发现该公司提交的注销登记材料中的《清算报告》《股东会决议》等材料中的股东刘××的签字并非其本人所签，且股东刘××对公司注销一事不知情，属于提交虚假材料取得公司注销登记的行为。又如北京市工商行政管理局石景山分局向北京××隧道工程有限公司出具的行政处罚决定书所示，当事人办理注销登记过程中提供的股东会决议以及清算报告中的“刘××”签名经法大法庭科学技术鉴定研究所鉴定，不是本人亲笔签名，最终该公司被罚款5万元。

3.清算中第三人的法律责任

在公司强制清算中，还存在第三人承担法律责任的情形，第三人可能承担欺诈交易或妨碍清算的责任。其原因可能是公司股东或者清算人为了转移公司财产与第三人串通以侵害债权人、中小股东以及其他利害关系人的合法权益。从法理上分析，该第三人应当与公司股东或清算人为共同侵权人，应当承担连带责任。然而，笔者认为，第三人侵权而承担法律责任的最根本原因在于法院对于强制清算的监督不全面，从而使得清算人或公司股东与第三人串通有机可乘。

（二）现行强制清算中清算责任规范的问题分析

首先，我国关于清算义务人不履行清算义务的法律责任的规定中的惩处力度不足，对于公司股东、实际控制人、董事等造成的法律威慑力不足，导致司法实践中出现了大量“僵尸企业”。应当完善对自行清算中清算义务人不履行清算义务的责任追究机制，并适当提高法律惩处的力度，也使因公司账簿等财务资料丢失、毁损导致无法进行强制清算工作等问题得到一定程度的解决与改善。

其次，关于强制清算中的清算责任的追究机制方面，现阶段仍然存在一定的缺陷。如《公司法司法解释二》第十八条规定：“有限责任公司的股东、股份有限公司的董事和控股股东未在法定期限内成立清算组开始清算，导致公司财产贬值、流失、毁损或者灭失，债权人主张其在造成损失范围内对公司债务承担赔偿责任的，人民法院应依法予以支持。”根据“谁主张谁举证”的原则，债权人应当对侵权人造成的损失范围进行举证，但实践中关于公司的资产和经营情况、财务报表、财务账簿等财务资料以及债权债务关系等说明基本上均由公司股东、董事或控股股东等清算义务人掌握，债权人难以证明公司解散时存在多少财产以及公司财产贬损价值等。由于很难证明造成的损失范围大致的区间如何，法院裁定清算义务人应当承担赔偿责任的具体金额也在一定程度上存在不小的障碍，使得此规定在实际操作中存在一定的难度。

（三）完善相关主体责任追究机制

首先，应当适当扩大清算责任的承担主体。参照《日本公司法》规定，清算人在清算过程中怠于履行其职责的，应当对造成损失的部分承担赔偿责任。清算人违反竞业及利益冲突交易限制的规定，不仅包括该清算人，还包括决定公司进行该交易的清算人以及对有关该交易的清算人会通过的决议表示同意的清算人。参照日本的相关规定，当清算组在进行清算工作时严重损害债权人、股东以及其他利害关系人的合法利益时，不仅应当由直接责任人承担赔偿责任，还应当将承担清算责任的主体扩展到侵权者以及统一相关议案的其他清算组成员。这还可以引导清算组成员审慎行使其表决权，在清算工作中尽勤勉义务。

其次，应当加大对清算义务人以及强制清算工作中的侵权人的处罚力度，特别是对于清算义务人故意灭失、毁损公司账簿导致公司无法进行强制清算的行为，在规定清算义务人应当赔偿相关责任人的全部损失的同时，加大对其的行政处罚甚至刑事处罚，以规避此行为造成的损失和社会资源的浪费。

第四节　增强强制清算中对债权人的保护力度

一、债权人会议规则之设立

（一）设立债权人会议规则的必要性

在我国的清算制度下，仅在《企业破产法》中设立了债权人会议，在公司自行清算和强制清算中均未规定债权人会议的相关内容。然而，强制清算相较于普通自行清算，更倾向于保护债权人和中小股东的合法权益。在我国目前强制清算制度的框架下，债权人仅参与强制清算的申请、债权申报以及债务清偿协议的程序之中，在强制清算的清算报告制定等重要过程中参与的程度很低，亟须参照破产清算建立债权人会议机制以保护全体债权人的合法权益。

参考日本的强制清算，债权人会议在清算事务以及债务清偿的协定过程中起到了至关重要的作用。《日本公司法》在“强制清算”小节中设立了第八分节“债权人会议”，详细规定了“债权人会议的召集”“债权人的召集请求”“债权人会议召集等的决定”等以彰显债权人会议在强制清算中的重要作用，以加强债权人对强制清算程序的参与和监督，值得我国在强制清算中借鉴。

债权人会议制度的缺失，导致我国强制清算中的债务清偿协议机制也存在着很大的问题。债务清偿协议类似于破产清算中的和解，是指清算组在进行清算的过程中，通过对资产负债表等审计后发现公司的财产确实不足以清偿已经申报的全部债务的，与债务人就债务清偿相关的方案进行商榷。《公司法司法解释二》第十七条第二款规定：“人民法院指定的清算组在清理公司财产、编制资产负债表和财产清单时，发现公司财产不足清偿债务的，可以与债权人协商制作有关债务清偿方案。债务清偿方案经全体债权人确认且不损害其他利害关系人利益的，人民法院可依清算组的申请裁定予以认可。清算组依据该清偿方案清偿债务后，应当向人民法院申请裁定终结清算程序。债权人对债务清偿方案不予确认或者人民法院不予认可的，清算组应当依法向人民法院申请宣告破产。”笔者认为，其表决条件过于苛刻，首先该方案须已经进行申报债权的全体债权人确认并通过，其次该清偿方案不得损害其他利害关系人的利益，在满足以上两个条件后方可施行，否则应当申请进入破产程序。因此，在强制清算中发现公司资不抵债情况，债权人与公司进行和解拟制订债务清偿方案，然而出现全部债权人中有人对债务清偿方案提出异议，或全体债权人通过债务清偿方案后未经法院认可的情形的，应当进入破产程序进行破产清算。在该条中，债务清偿方案须经全体债权人同意这一前提条件在实际中被达成的可能性较小。其一是常常无法排除债权人列举不全的可能，并且若公司规模庞大，债权人人数众多很难达成完全统一的意见；其二是债务清偿协议被施行是由于清算公司已经确认出现“资不抵债”的事实，因此公司债权人为了使自己的债权得到更好的清偿，往往会出现意见相左甚至僵持的情形，从而导致我国的债务清偿协议通常得不到实行。

综上所述，在强制清算中，很多情况下公司的财务状况并不理想，特别是在债务清偿协议的制定中，全体债权人的债权得到完全足额的清偿的可能性并不大。此时，只有债权人作出一定的妥协与让步，才能使得自己的合法权益得到最大限度的实现。因此，可以借鉴日本强制清算中的债权人会议和协定机制以及《企业破产法》中关于强制清算的相关规定，将债务清偿协议和债权人会议两者结合起来，并且将“债务清偿协议”的事项规定为债权人会议的特别表决事项，从而提高债务清偿协议的利用率。

（二）债权人会议在强制清算程序中的角色与意义

1. 债权人会议的定义与作用

债权人会议是在企业破产清算程序启动后，由法院依法组织召开的会议。它的主要目的是对企业破产财产进行分配，并表决通过相应的清算方案。债权人会议的召开有助于保障债权人的合法权益，确保企业财产得到有效清算，减少债权人的损失。此外，它还有助于提高清算效率，减少企业破产清算的时间，节省清算费用，更好地维护债权人的利益。同时，债权人会议的召开也有助于法院对破产清算过程进行监督，防止企业破产过程中出现违法行为，保障债权人的合法权益。

2. 债权人会议的召开条件

强制清算债权人会议的召开需要满足一定的条件。根据《企业破产法》的规定，强制清算债权人会议的召开应当满足以下条件：首先，企业必须已被宣告破产；其次，已经进行了清算费用的评估。这些条件的满足是强制清算债权人会议召开的前提。

3. 债权人会议的参与与监督

在强制清算程序中，债权人会议体现了债权人对清算事务的积极参与与监督。债权人有权参与讨论和表决，对债务人的财产作出相应的处理。债务人也有权参与会议，并陈述意见，对债权人的决议提出异议。债权人会议应当通过法定程序，向债务人发出清算通知，通知债务人在收到通知之日起一个月内，准备好偿还债务的财产及清偿方案。债权人会议应当依法定期召开，会议应当通知债务人，并对债务人的财产作出相应的处理。

4. 债权人会议在“资不抵债”情况下的作用

在“资不抵债”的情况下，债权人的债权可能无法全部受偿。此时，债权人会议对于债务如何清偿问题尤为重要。债权人会议的成员应当包括全体债权人，债务人及其法定代理人可以列席会议。在债权人会议的监督下，债务人应当依法对财产进行清算，并制作清算报告。债权人会议根据清算报告，通过表决的方式，确定债务人的债务清偿方案。债权人会议成员应当依照法定的比例，按照债权人的先后顺序分配债务人的剩余财产。

（三）关于债权人会议规则的基本内容

债权人会议的召集权人包括清算中公司和公司的债权人。参照《日本公司法》的相关规定，在强制清算的过程中，在必要时可以随时召集债权人会议。在一般情况下由清算公司亦即清算组召集，债权人召集债权人会议的方式则是向清算公司提出请求后自行召开债权人会议。然而，也并非所有债权人有召集债权人会议的权利，债权人应当满足以下条件：债权人的债权份额需要达到一定比例，即已申报债权的债权人持有的债权额应当占清算公司的全部协定债权总额的十分之一以上。若该请求未得到清算公司的同意，债权人可以申请法院召开债权人会议。

日本在强制清算的债权人会议中的召集人仅规定了清算公司和债权人，未规定法院在必要时可以依职权召开债权人会议，存在一定的缺陷。我国若在强制清算制度中设立债权人会议，其召集除了公司认为在有必要时自行召集以及公司债权人向清算公司召集之外，应当赋予法院认为在有必要时，依职权提议召开债权人会议。除此之外，可以参照《企业破产法》中的相关规定，在法院召集的第一次债权人会议中，选出债权人代表作为监理人，监督清算组的清算工作。

（四）债权人会议的召开与表决

参照《日本公司法》的规定，在强制清算中债权人会议一般由法院主持。债权人会议的参与者包括两类：出席会议的有表决权的债权人和没有表决权的列席人员。其中，有表决权的债权人是指已经申报过债权的债权人或者被清算公司确认存在债权债务关系的普通债权人。此债权人不应当排除持有附条件、附期限的债权以及连带债权或不可分的债权的债权人。然而在法定期限内未进行申报并未补充申报的债权人以及清算公司并未确认存在债权债务关系的债权人，一般被认为没有出席债权人会议的资格。

《日本公司法》规定的列席债权人会议的人员一般为具有优先受偿权和解除权的债权人、在强制清算中因清算手续产生债权的债权人。这是由于这两类债权人的债权能够较普通债权人优先实现。若该两类债权人对会议上决定的相关事宜有表决权，容易导致其他普通债权人的合法权益受损，因此该两类债权人无表决权但可以行使陈述意见和建议的权利。

关于债权人会议的决议方式，笔者认为可以参照《日本公司法》和《企业破产法》的相关规定，对于一般事项，遵循“两个过半数”，即应当经出席表决权的过半数债权人同意，同时该部分债权人的表决权总数应当超过出席会议债权人表决权总数的二分之一。然而关于债务清偿协议，应当参照《日本公司法》的规定，该决议应当经出席表决权人过半数同意，以及占表决权总额三分之二以上的表决权人同意，而非现行《公司法司法解释二》中的经全体债权人同意。

二、强制清算程序之法院的全面监督

（一）法院在强制清算中行使职权的局限性

1.法院缺乏依职权进行监督的积极性

强制清算体现了司法介入原则，法人在退出时由于公司和债权人、股东、其他利害关系人之间的利益纠纷导致自行清算中的资产得不到合理的分配，由此需要法院介入公权力来保证清算程序的正常有序展开和进行。在我国强制清算中，法院的主要职能体现在决定强制清算的启动程序、采取一定的保全措施的权力、选任和更换清算组成员、通过清算方案和确认债务清偿协议、决定强制清算的中止和终止等程序。

然而，以上法院的职权基本是依申请人的申请作出的，由法院主动介入进行强制清算的程序很少，对比《日本公司法》，日本法院可以依职权进行财产保全、依职权调查公司的财产状况。除此之外，我国法院并未对清算组的清算工作进行全程的监督，而仅确认清算工作靠后的清算方案以及债务清偿协议，若清算方案或债务清偿协议被发现存在不公允或违法清算的嫌疑，强制清算程序将延长清算时间以重新制订新的清算方案或债务清偿协议，从而使得强制清算程序效率低下，同时还缺失一定的公允性。

不仅如此，我国强制清算中法院在选任清算组成员后，缺失对于清算组成员以及清算工作的全方位的监督机制。首先，笔者认为，我国关于强制清算中的清算组成员的相关规定有一定的不合理性。法院对清算组成员的职权主要体现在选任和变更清算组成员的阶段，而对于更为重要的清算行为和清算工作缺少强有力的监督。例如，《公司法司法解释二》第九条规定："人民法院指定的清算组成员有下列情形之一的，人民法院可以根据债权人、股东的申请，或者依职权更换清算组成员：（一）有违反法律或者行政法规的行为；（二）丧失执业能力或者民事行为能力；（三）有严重损害公司或者债权人利益的行为。"《公司法》在未建立相关机制使股东（特指中小股东）以及债权人参与监督清算工作，又何来使股东和债权人举证证明清算组工作的违法违规以及侵害其权益？因此，对于清算组的工作的监督最主要的还是要靠法院进行监督，然而我国法院又缺少对清算组的全程工作，既未主动进行监督与调查，又没有委派相关人员对清算组成员及工作进行监督。

2.财产保全与处分措施的不充分

《公司法司法解释二》第三条规定："股东提起解散公司诉讼时，向人民法院申请财产保全或者证据保全的，在股东提供担保且不影响公司正常经营的情形下，人民法院可予以保全。"但其中对于强制清算过程进行中的保全以及处分并未作具体规定。《清算纪要》第十三条规定："人民法院受理强制清算申请后，公司财产存在被隐匿、转移、毁损等可能影响依法清算情形的，人民法院可依清算组或者申请人的申请，对公司财产采取相应的保全措施。"然而，对于清算组成员的违法行为以及公司董事、监事、高级管理人员相关的行为没有规定相关保全和处分的措施。

《日本公司法》则规定了一系列处分与保全措施，如在强制清算开始后，法院可以依职权或依相关申请人对清算公司进行财产处分以及其他保全措施。其中，与我国不同的是，日本的强制清算中，法院不仅可以依股东、清算组的申请，还可以通过债权人或监事的申请，进行相关保全和处分措施。除却对公司的处分和保全，《日本公司法》还规定了对管理人员等财产的保全处分，这些规定允许法院在一定条件下，依职权或根据清算公司的请求，对发起人、设立时的董事、监事以及管理人员、清算人的责任产生的损失赔偿请求权进行保全处分。这一机制旨在保护债权人的利益，确保在公司面临破产或其他法律程序时，能够有效地追索相关人员可能对公司造成的损失。除此之外，还规定了股东名册记载等的禁止、管理人员等责任免除的禁止、撤销与核查决定等必要的处分。

综上所述，我国对于强制清算程序中的处分与保全的规定比较笼统，未细化其采取保全措施的相关规定，实属立法的一大遗憾。法院在强制清算中行使职权的一大表现便是保全与处分，然而我国对强制清算仅仅规定了篇幅过少的财产保全，缺少行政处分等相关措施。

（二）加强法院全面监督的优化路径选择

1.赋予法院依职权参与强制清算的权利

有学者认为，我国强制清算中法院可以借鉴《日本公司法》的强制清算中法院的监督及调查。例如，法院可以随时命令清算公司报告清算事务及财产状况，并展开必要的调查。清算公司应当及时向法院提交财产目录，并根据公司财产状况认为在有必要的情况下，依据债权人和股东的申请作出调查命令。除此之外，法院还选任监督委员和调查委员对强制清算程序中的各项事务进行监督与调查，以更好地发挥法院的监督作用。总之，法院应当及时了解公司的财务状况并查阅清算报告，这里主要指财产清单、资产负债表以及协定时的债务清偿方案。其中，财产清单中清算公司现有资产的总计，对于清算公司是否需要进行协定债务清偿方案或资不抵债时进入破产清算具有重要作用。因此，法院需要及时了解并由专业人士审计，确保清算工作的正常有序和公平正义。

2.增加法院对强制清算中保全处分措施

首先，对于强制清算程序启动阶段的保全措施，《公司法司法解释二》仅规定在股东提供担保的情况下，法院依照股东申请对清算公司进行财产保全和证据保全，而未规定法院可以依职权进行相关保全措施。笔者认为，在相关主体若以有“资不抵债”之嫌疑申请法院强制清算时，法院在审查时若发现确有该嫌疑时，可以参照《民事诉讼法》相关规定依职权裁定采取财产保全，以采取查封、扣押、冻结或者法律规定的其他方法来规避清算公司控股股东、实际控制人转移公司资产等行为。

其次，对于强制清算程序过程中的保全措施，参照《日本公司法》的相关规定，法院可以依申请或职权对强制清算中侵权行为人的财产进行财产保全和行为禁止等处分措施。

综上所述，我国法院在强制清算程序中应当依申请特别是依职权中进行处分与保全的措施来加强法院对强制清算事务的参与，这将有助于法院查明清算公司真实的财产状况及明确清算义务人或清算人的责任。

参考文献

[1]陈联书，龙著华.僵尸企业强制清算实务指引[M].北京：知识产权出版社，2021.

[2]程予民,吕慧娟.强制清算与破产清算的衔接问题研究[J].公民与法（综合版），2020（10）：27-30.

[3]段建桦."僵尸公司"强制清算问题探析：以贵州省法院审判实践为视角[J].法律适用（司法案例），2017（8）：16-22.

[4]高春乾.公司强制清算相关争议法律问题探究[J].山东法官培训学院学报，2017，33（6）：66-72.

[5]何泽鑫.公司清算义务人的责任研究[D].长沙：中南林业科技大学，2022.

[6]贺丹.企业拯救导向下债权破产止息规则的检讨[J].法学，2017（5）：88-96.

[7]侯庆平.公司强制清算程序疑难问题探析[D].昆明：云南大学，2015.

[8]黄玉英.公司清算义务人主体范围研究[D].长沙：湖南大学，2017.

[9]李丽娜.公司强制清算若干实务问题探讨[J].现代营销（创富信息版），2018（10）：147.

[10]李新一.公司强制清算程序与破产重整衔接的司法适用[J].法制博览，2019（30）：152-153.

[11]廖慧.论强制清算剩余财产分配[D].成都：四川大学，2021.

[12]刘慧慧.公司清算义务人制度研究[D].青岛：青岛大学，2023.

[13]蒙露.股东清算义务人清算责任研究[D].北京：中国政法大学，2020.

[14]曲梦萍.有限责任公司清算制度研究[D].北京：北京邮电大学，2021.

[15]任福林.公司破产清算中股东责任问题研究[D].哈尔滨：黑龙江大学，2022.

[16]任容庆.论公司强制清算制度的完善[J].现代管理科学，2018（11）：118-120.

[17]宋珊.强制清算中清算人法律问题研究[D].重庆：西南政法大学，2017.

[18]王娇.法院依职权启动破产程序研究[D].南宁：广西大学，2018.

[19]王鹏.论强制清算案件是否需要司法解散前置[J].法制与社会，2020（18）：88-89.

[20]王宇.公司强制清算中的决策机制分析[J].法制与社会，2021（11）：45-46.

[21]王志永.股东申请公司强制清算中的债权人利益保护[D].上海：华东政法大学，2015.

[22]魏树发.公司清算义务人法律问题研究[D].兰州：兰州大学，2022.

[23]吴梦寒.法院依职权调查证据研究[D].苏州：苏州大学，2020.

[24]徐云云.论我国公司强制清算制度的完善[D].上海：华东政法大学，2021.

[25]杨荣进,董烨.谈清算管理人在强制清算中的几个问题[J].中国律师，2015（11）：60-62.

[26]杨扬.法院在公司强制清算中的职权研究[D].贵阳：贵州大学，2015.

[27]尹艳.论公司强制清算中债权人利益保护[D].成都：西南财经大学，2019.

[28]张彬.论有限公司强制清算不能时中小股东权利的救济[D].昆明：云南大学，2015.

[29]张诚诚."僵尸企业"强制清算制度研究[D].大连：辽宁师范大学，2019.

[30]张瑞华.我国公司强制清算衍生诉讼若干问题分析与探究[J].法制博览，2019（16）：164-165.

[31]赵媛.公司清算义务人的主体范围界定：以《民法典》和《公司法司法解释二》的适用关系为出发点[J].安徽工业大学学报（社会科学版），2020，37（5）：32-35.

[32]朱峰，马亚桢.破产债权审查及确认之诉规则[J].法制博览，2024（17）：52-54.